जूठन

[आत्मकथा : दूसरा खंड]

जूठन

[दूसरा खंड]

ओमप्रकाश वाल्मीकि

राधाकृष्ण प्रकाशन

ISBN 978-81-8361-674-4

जूठन [आत्मकथा : दूसरा खंड]

पहला संस्करण : 2015
पाँचवाँ संस्करण : 2022

मूल्य : ₹495

प्रकाशक
राधाकृष्ण प्रकाशन प्राइवेट लिमिटेड
जी-17, जगतपुरी, दिल्ली-110 051

शाखाएँ : अशोक राजपथ, साइंस कॉलेज के सामने, पटना-800 006
पहली मंजिल, दरबारी बिल्डिंग, महात्मा गांधी मार्ग, प्रयागराज-211 001
36 ए, शेक्सपियर सरणी, कोलकाता-700 017

वेबसाइट : www.radhakrishnaprakashan.com
ई-मेल : info@radhakrishnaprakashan.com

मुद्रक
बी.के. ऑफसेट
नवीन शाहदरा, दिल्ली-110 032

JOOTHAN (KHAND-2)
Autobiography by Omprakash Valmiki

अस्पृश्यता के दंश

दलित साहित्य के वरिष्ठ लेखक ओमप्रकाश वाल्मीकि के आत्मकथन 'जूठन' के दूसरे खंड की पांडुलिपि मुझे श्रीमती चन्दा वाल्मीकि के प्रयासों से उपलब्ध हो सकी। वाल्मीकि जी की इच्छानुसार राधाकृष्ण प्रकाशन के अशोक महेश्वरी जी को पांडुलिपि प्रकाशन हेतु चन्दा जी ने मेरे निवास-स्थान पर ही सौंपी थी। चन्दा जी का आग्रह था कि प्रस्तुत आत्मकथा की भूमिका मैं लिखूँ, जिसे मैंने सहर्ष स्वीकार कर लिया। वाल्मीकि जी को उनके जीवनकाल में प्रथितयश लेखक के रूप में अनेक सम्मानों से नवाजा गया। वे वाचक वर्ग से बेहिसाब प्रशंसा प्राप्त कर चुके थे और दलित साहित्य आन्दोलन के सचेत पैरोकार और चेतना के वाहक के रूप में मिले साधुवाद से परिपूर्ण जीवन की उपलब्धियों के बाद 'जूठन' का दूसरा खंड हमारे समक्ष है। दलित रचनाकार को किन-किन चुनौतियों से जूझना पड़ता है, इसका समग्र चित्रण इस आत्मकथन का केन्द्र-बिन्दु है। अच्छा होता यदि ओमप्रकाश जी के जीवनकाल में ही यह आत्मकथन-दूसरा खंड लेखकीय भूमिका के साथ छप जाता तो सामाजिक और मानसिक संत्रास झेलने के त्रासद जीवनानुभवों की अभिव्यक्ति के पीछे उनके विशेष मन्तव्य को पाठक वर्ग जान सकता था। इस आत्मकथन के अवलोकन के उपरान्त ऑर्डिनेंस फैक्टरी देहरादून में अपने पदानुसार मिले कार्य के प्रति उनका समर्पित भाव, उनकी अनुशासनप्रियता, वरिष्ठ अधिकारियों के साथ बातचीत में स्पष्टता, सहजता से कठिन से कठिन कार्य को त्वरित अंजाम देनेवाले वाल्मीकि जी एक प्रथितयश कार्यकुशल अधिकारी के रूप में हमसे

रू-ब-रू होते हैं। और इस सबके बीच सामाजिक दायित्व का सतत बोध रखनेवाले एक जुझारू लेखकीय व्यक्तित्व से भी हमारा परिचय होता जाता है।

ओमप्रकाश जी ने दलित जीवन के उन तमाम कष्टदायक, यातनामय, अपमानजनक शोषित किए जाने के अनुभवों को 'जूठन' के पहले खंड में प्रामाणिकता के साथ प्रस्तुत करके हिन्दी साहित्य जगत् में हलचल मचा दी थी। वंचित, शोषित, अमानवीय अनुभवों से गुजरते हुए जीवन-स्मृतियों को पटल पर उतारना ओमप्रकाश जी के शब्दों में—"तमाम कष्टों, यातनाओं, प्रताड़नाओं को एक बार फिर से जीना पड़ा।" ('जूठन' की भूमिका) इस त्रासद अनुभव के बाद भी 'जूठन' का दूसरा खंड लिखने का साहस वही लेखक कर पाएगा जो स्वयं के जीवनानुभवों के दस्तावेज प्रस्तुत करके सामाजिक परिवर्तन को साकार रूप देना चाहता हो। अन्तर्मुख होकर चिन्तन के धरातल पर जीवनानुभवों को, गुजरे हुए उस सच को समाज के सामने प्रामाणिक रूप में रखकर समाज की प्रतिक्रियाओं के रूप में परिवर्तन का स्वरूप जानना रचनाकार का मन्तव्य रहा है। लेकिन यह दुखद है कि वाचकों की, समाजशास्त्रियों की, आलोचकों की, लेखकों की और मित्रों की सकारात्मक एवं नकारात्मक प्रतिक्रियाएँ सुनने के लिए आज वाल्मीकि जी हमारे बीच नहीं हैं।

जबलपुर से वाल्मीकि जी का तबादला देहरादून की ऑर्डनेंस फैक्टरी में हुआ तो चन्दा जी के साथ बड़ी खुशी-खुशी देहरादून पहुँचे थे क्योंकि देहरादून चन्दा जी का मायका है। घर की तलाश शुरू हुई जिसमें बहुत से मित्र, परिवार के सदस्य भी दिन-रात दौड़ रहे थे। लेकिन देवभूमि कहलानेवाले हिमाचल उत्तरांचल के देहरादून में वाल्मीकि सरनेम बताते ही मकान मालिक हाथ खड़े कर देते। जातिवाद की संकीर्णताओं में विश्वास करनेवाले समाज से वाल्मीकि का यह संघर्ष लगभग महीने भर तक चलता रहा। लेकिन उन्होंने उम्मीद नहीं छोड़ी। जाति-श्रेष्ठता का घमंड दर्शाने में मकान मालिक को किसी प्रकार की शर्म महसूस नहीं होती। एक ने तो इतनी सहजता से कह दिया, "देखो

जी, बाद में झंझट नहीं चाहिए, हम लोग कुमाउँनी ब्राह्मण हैं, किसी डोम या मुसलमान को अपने यहाँ किराए पर नहीं रख सकते।''

हर जगह से ना-ना सुनते हुए दोस्तों के साथ वाल्मीकि जी भी परेशान थे लेकिन वे झूठ का सहारा लेने को कतई तैयार नहीं थे। उनका यह तर्क कि ''यदि आधुनिक कहे जानेवाले पढ़े-लिखे लोगों के इस शहर देहरादून की यह हालत है तो छोटे शहरों में तो दलितों को मकान मिलने का सवाल ही पैदा नहीं होता है। मेरे जैसे पढ़े-लिखे व्यक्ति को यदि यह शहर स्वीकार करने को तैयार नहीं तो शर्मिन्दा मुझे नहीं, इस शहर को होना चाहिए।'' घर ढूँढ़ने के वक्त कुछ दोस्तों और दलित सहकर्मियों ने यह सलाह भी दी थी कि जाति छुपाने से तत्काल घर मिल सकता है तो क्यों नहीं इसे अपनाते? लेकिन अपना आत्म-गौरव गिरवी रखकर वाल्मीकि जी कभी नहीं चाहते थे कि वे झूठ का सहारा लेकर घर खोजने की जिल्लत से बच जाएँ। जातीय वर्चस्ववादी संस्कृति की सामाजिक, सांस्कृतिक, धार्मिक, आर्थिक और राजनीतिक घेरेबन्दी के पीछे अमानवीय सोच किस तरह हावी है इसको वाल्मीकि जी बड़ी ही समर्थता से अभिव्यक्त करते हैं। जनतांत्रिक अधिकारों का मजाक उड़ानेवाली इस प्रकार की मानसिकता की जड़ें इस देश में बहुत गहरे गड़ी हैं जिसे उखाड़ने के प्रयास रूप में वाल्मीकि जी अपने गुस्से पर संयम रखकर जनतांत्रिक पद्धति को अपनाते हैं। वाल्मीकि के इस अनुभव में भारतीय जाति संरचना में अस्पृश्यता और तिरस्कार से पीड़ित मानव-मन की पीड़ा उभरकर आई है। परेशान होकर भी वे ऐसी जाति-व्यवस्था के खिलाफ लड़ रहे थे। उनका निग्रह दर्शाता है कि चाहे समय जरूर लगे लेकिन जनतांत्रिक अधिकार को वे झूठ के सहारे हासिल नहीं करेंगे। अधिकारी होने अथवा आर्थिक रूप से सबल होने पर भी व्यक्ति की जातिगत श्रेणी समाज में उसके सम्मान और स्टेटस का निर्धारण करती है, इस सत्य को वाल्मीकि जी ने उजागर करके जातिवादी मानसिकता ढोते हुए समाज को बेनकाब कर दिया। बड़े-बड़े महानगरों में दलित और मुसलमान व्यक्ति को आसानी से घर नहीं मिल पाता, उनके साथ यही रवैया कथित सवर्ण वर्ग बेखौफ अपनाता है। जातिवादी

संकीर्णताओं में विश्वास करनेवाले बड़े अधिकारी भी अपने संकीर्ण रवैए को जाहिर करने में शर्मसार नहीं होते। जाति के अभिशाप को झेलते रहने के अनेक प्रसंगों को वाल्मीकि जी खुलकर लिखते हैं। भारतीय वर्ण-जाति संरचना पर धर्म, ईश्वर, शास्त्र तथा भाग्यवाद के अमिट प्रभाव द्वारा यथास्थितिवादी नजरिए को पूर्णतः जकड़ लिये जाने के कारण हाशिए के व्यक्ति के कार्य, उसकी योग्यता, कौशल तथा विद्वत्ता को हीनभाव से देखकर खारिज कर देना ब्राह्मणवाद की सदियों पुरानी चाल है। परिणामतः दलित व्यक्ति की बड़ी-से-बड़ी उपलब्धि पर भी वे हाथ ही मलते हुए दीखते हैं। वाल्मीकि जी ने स्वानुभवों की अभिव्यक्ति द्वारा समाज में पैठी जातीय भेदभाव, तिरस्कार और घृणा की संकीर्णताओं का सूक्ष्म चित्रण किया है। आत्मकथा में अभिव्यक्त अनुभव चूँकि व्यक्तिगत नहीं बल्कि समष्टिगत होता है, इसलिए जिन त्रासद अनुभवों से लेखक को गुजरना पड़ा है, वे अनुभव दलित समाज के लगभग प्रत्येक व्यक्ति के हैं। दलित आत्मकथा समाज को आईना दिखाकर ब्राह्मणवाद द्वारा रचे गए उन तमाम साजिशों का पर्दाफाश करती है जिसके कारण समाज का एक-चौथाई हिस्सा आज तक अपने मूलभूत मानव अधिकारों से वंचित रखा गया। दलित जीवनानुभव सदियों से शोषित, पीड़ित, वंचित समाज के दर्दनाक इतिहास से हमें परिचित कराता रहा है, इस इतिहास-बोध से वर्तमान और भविष्य के प्रति सजग कदम उठाने की सोच और अपने हथियार पैने करके संघर्ष की प्रेरणा मिलती है। समतावादी सोच के प्रतिबद्ध लेखक ओमप्रकाश वाल्मीकि निम्नता के अपमान-बोध से भर देनेवाले अनुभवों के दंश को एक बार फिर से अनुभव करने को तैयार हैं। इस चाह में कि परम्परावादी विचारों को ढोता यह समाज समता के मूल्य को समझ पाएगा। इसलिए जरूरी है कि हाशिए के समाज के अनगिनत अनुभव शब्दाकार लेकर साहित्य के आकाश पर छा जाएँ। मराठी दलित साहित्य में हाशिए के समाज के प्रत्येक जाति-समूह, खानाबदोश, आदिवासी, घुमन्तू जनजातियों और सरकारी कागजों में गुनहगार मानी गईं जनजातियों ने झेली मर्मान्तक पीड़ा के अनुभवों की आत्मकथाएँ दस्तावेज के रूप में समाज को

उसका निहायत कुरूप चेहरा देखने के लिए लौटाई हैं। जातिवादी समाज के दिए हुए जाति-दंश का ऐसा मार्मिक चित्रण इन आत्मकथाओं में किया गया है कि रोंगटे खड़े हो जाते हैं। हमारे बीच बसे जन-समूह को इस कदर शाश्वत भूख से संघर्ष करते हुए जिल्लत भरा, अपमानित, वंचित जीवन जीने के लिए अभिशप्त किया गया जिसकी कल्पना तक आभिजात्य वर्ग नहीं कर सकता। हिन्दी दलित साहित्य में जाति-समूह, आदिवासी, घुमन्तू वर्गों से लेखन की पहल अभी होनी बाकी है, यह कमी खलती है।

वाल्मीकि जी ने इस आत्मकथा में आधुनिकता का मुखौटा ओढ़े सफेदपोश समाज के दोहरे चरित्र को बेनकाब किया है। ऑर्डनेंस फैक्टरी के भवन-निर्माण से निकली मिट्टी के ढेर को अचानक आई धुआँधार वर्षा ने ढहा दिया जिसके नीचे दबकर ग्यारह मजदूरों की मौत हुई थी। बचाव करनेवालों में मात्र कुछ मजदूर और गिने-चुने लोग ही आगे आए थे। देहरादून निवासियों और फैक्टरी के जिम्मेदार अधिकारियों, मजदूर यूनियन के लीडरों की असंवेदनशीलता को देखकर वाल्मीकि जी की रूह काँप गई। इस प्रकार के रवैए से व्यथित होकर वाल्मीकि जी ने एक कविता लिखी थी, जिसे फैक्टरी के कवि सम्मलेन में सुनाने का उन्हें मौका मिला। कविता सुनकर सभी अधिकारी वर्ग और विशेषकर मजदूर वर्ग सन्न रह गया था। वाल्मीकि जी के अनुसार, "इस कवि सम्मलेन ने फैक्टरी में मेरी एक पहचान स्थापित कर दी थी। अब यहाँ मैं अजनबी नहीं था, न ही एस.सी. जो अपने नाम के साथ 'वाल्मीकि' लिखता है। इस कविता ने मुझे एक पहचान दी थी और सरनेम की संकीर्ण सोच से बाहर निकलकर लोगों का मेरे साथ व्यवहार बदल गया था।" सृजनात्मक रचना में प्रस्तुत समता के दर्शन से मानवीय सम्बन्ध बदल सकते हैं, इस पर लेखक का दृढ़ विश्वास है। यही विश्वास लेखकीय सृजन प्रक्रिया को निरन्तर बढ़ाने और मानव-मूल्यों की प्रतिष्ठा के प्रति लोगों में चेतना जगाने की दोहरी भूमिका का निर्वाह करता है। दलित साहित्य में वाल्मीकि जी का योगदान विशिष्ट है। 'जूठन' के पहले खंड को मिली लोकप्रियता ने देश में ही नहीं, विश्व-पटल पर भी

वाल्मीकि जी को भारतीय लेखकों में शामिल किया। मुझे और रंगकर्मी सवी सावरकर को फ्रैंकफर्ट बुक फेयर में आमंत्रित किया गया था लेकिन किसी कारणवश मैं जा नहीं सकी थी, लेकिन सवी सावरकर बुक फेयर में उपस्थित हुए थे। फ्रैंकफर्ट से लौटकर सवी जी ने बताया कि बुक फेयर में विश्व तथा भारत के प्रमुख लेखकों में ओमप्रकाश वाल्मीकि जी का बड़ा-सा छायाचित्र लगा था। फ्रैंकफर्ट के इस बुक फेयर में वाल्मीकि जी भी आमंत्रित थे लेकिन समय से पहले वीजा प्राप्त न होने के कारण वे जा न सके थे। इस वक्त तक वाल्मीकि जी की कई बहुचर्चित रचनाएँ छप गई थीं, जिनमें प्रमुख हैं—'सदियों का सन्ताप', 'बस्स! बहुत हो चुका' काव्य-संग्रह तथा 'दर्द के दस्तावेज', 'इन दिनों' और 'उत्तर हिमानी' (सम्पादित) काव्य-संग्रह, 'सलाम', 'घुसपैठिए' कथा-संग्रह छप गए थे। दलित साहित्य का सौन्दर्यशास्त्र उनकी आलोचनात्मक कृति है। इस लेखकीय अवदान से हम सभी परिचित हैं लेकिन एक नाटककार के रूप में उनके व्यक्तित्व से हम पहली बार परिचित हो रहे हैं। सन् 1987 में 'दो चेहरे' नाम से एक लघु नाटक लिखकर और इस नाटक का देहरादून तथा अन्य शहरों में मंचन करके वाल्मीकि जी ने बहुत शोहरत हासिल की थी। एक नाटककार के रूप में उनकी प्रतिभा के इस पक्ष से बहुत कम लोग ही परिचित होंगे। दलित लेखक संघ (दिल्ली) की अध्यक्ष के रूप में 2004 से 2010 तक जब मैंने कार्यभार सँभाला था, तब दलेस के अनेक सम्मेलनों और गोष्ठियों में वाल्मीकि जी आमंत्रित किए गए और बड़े उत्साह से चन्दा जी के साथ वे देहरादून से दलेस के कार्यक्रमों में आते रहे। दलित साहित्य पर उनके जैसी समझ और हिन्दी भाषा पर पकड़ देखते ही बनती और वे सभी के आकर्षण का केन्द्र रहते थे। जे.एन.यू. के छात्रों के बीच वे अत्यधिक लोकप्रिय थे। अक्सर दलेस के कार्यक्रम के बाद वे छात्रों से घिर जाते और रात को कावेरी हॉस्टल की मेस में 10 बजे के बाद साहित्यिक चर्चा में वे एकमात्र वक्ता होते और छात्र-छात्राएँ तल्लीनता से उन्हें सुनते और अपनी जिज्ञासाएँ उनके सामने रखते। रात के 1-2 बजे तक छात्र-छात्राओं के साथ वाल्मीकि जी चर्चा में डूबे रहते थे।

उनकी रचनाओं पर सबसे अधिक शोध-कार्य अनेक विश्वविद्यालयों के छात्रों द्वारा किए गए हैं। अपनी रचनात्मक अभिव्यक्ति द्वारा वर्चस्ववादी संस्कृति के दैवी आधार को नकारकर मनुष्य के विकास क्रम को वैज्ञानिक दृष्टि से परखना तथा शोषणमूलक ब्राह्मणवादी संस्थाओं की धज्जियाँ उड़ाकर प्रतिरोध की संस्कृति को वैकल्पिक संस्कृति के रूप में विकसित करना उनका प्रमुख उद्देश्य रहा है। उनके लेखन-कर्म का ध्येय दलित अस्मिता के लिए संघर्ष के साथ-साथ मनुष्य के सम्मान और बराबरी को स्थापित करना था। जाति के अभिशाप से जर्जर हुई भारतीय सामाजिक संरचना को समता, स्वतंत्रता, बन्धुत्व और न्याय जैसे मूल्यों में विश्वास के द्वारा नए समतामूलक समाज का उज्ज्वल सपना लेखक वाल्मीकि जी भविष्य के लिए देख रहे थे। लेखकीय जीवन के चरम पर पहुँचे उन्हें यदि कैंसर जैसी लाइलाज बीमारी ने घेर न लिया होता, तो हम एक ऊर्जावान, प्रतिबद्ध लेखक की सृजनात्मक मानवीय सरोकारों से ओतप्रोत रचनाओं से वंचित न होते। 'जूठन' का दूसरा खंड बीमारी के दौरान पूरा करके जानलेवा पीड़ा से गुजरकर उनके उन अनुभवों को हम सभी के लिए एक दस्तावेज के रूप में प्रस्तुत किया है।

—डॉ. विमल थोरात

18 नवम्बर, 2012

चन्द्रपुर (महाराष्ट्र) से मेरा तबादला ऑर्डनेंस फैक्टरी, देहरादून हो गया था। पहली जुलाई, 1985 को मैंने ऑर्डनेंस फैक्टरी में कार्यभार सँभाल लिया था। रक्षा मंत्रालय, भारत सरकार की ओर से एक नई परियोजना ऑर्डनेंस फैक्टरी, देहरादून को मिली थी। रूसी तकनीक के आधार पर टी-72 और बी.एम.पी.-2 टैंकों के विजन डिवाइसिस के निर्माण का कार्य इस परियोजना का उद्देश्य था। मुझे मेरे ही कार्य का क्षेत्र मिला था, वैसे तो ये ऑप्टो-इलेक्ट्रोनिक्स डिवाइसिस थी और मेरी शिक्षा व अनुभव मेकैनिकल क्षेत्र के थे लेकिन मुझे एक नया काम करने का अवसर मिल रहा था इसलिए मेरे लिए यह एक नया अनुभव था। इंजीनियरिंग ड्राइंग्स का अध्ययन, उनकी संरचना तथा उनसे जुड़े अन्य कार्य मुझे सौंपे गए थे, सभी दस्तावेज रूसी भाषा में थे जिनका अनुवाद साथ-साथ अनुवादकों की टीम कर रही थी। रूसी विशेषज्ञों का भी एक दल हमारे साथ काम कर रहा था। मुझे यह काम रुचिकर लगा था क्योंकि इसमें कुछ नया सीखने की भी गुंजाइश थी। दिन भर व्यस्त रहना पड़ता था। मेरे कई पूर्व साथी भी अन्य ऑर्डनेंस फैक्टरियों से प्रोजेक्ट के लिए आ चुके थे। नरेश अग्रवाल, वी.के. अग्रवाल जबलपुर की फैक्टरियों से स्थानान्तरित होकर आए थे। अनिल भारद्वाज और वी.के. धमीजा चन्द्रपुर से आए थे। ऑर्डनेंस फैक्टरी, चन्द्रपुर में हम एक ही अनुभाग में थे। एक साथ एक्सप्लोसिव उत्पादन में काम किया था। मेरे पुराने मित्र विजय बहादुर सोल, जिनके साथ मैं जबलपुर में प्रशिक्षण के दौरान रहा था, वे भी काफी समय से इसी फैक्टरी में थे।

हम दोनों में गहरी और पारिवारिक आत्मीयता थी। पहला दिन मेरे लिए काफी उत्साहवर्धक रहा था क्योंकि मैंने अपने इस क्षेत्र की शुरुआत इसी फैक्टरी से की थी। और भी अनेक पूर्व परिचित कर्मचारी थे, जिनसे मिलकर बहुत अच्छा लग रहा था। मैं लगभग सत्रह वर्ष बाद देहरादून लौटा था। काफी कुछ बदल गया था लेकिन जो नहीं बदला था, वह थी—लोगों की मानसिकता, जो उसी पुराने ढर्रे पर चल रही थी।

मेरे ज्वाइन करने का निर्माणी आदेश जैसे ही प्रकाशित और वितरित हुआ, मुझे अहसास हुआ कि लोगों में मेरे उपनाम को लेकर एक अजीब तरह की सुगबुगाहट है, जिसे कानाफूसी कहा जाए तो गलत नहीं होगा क्योंकि मेरी जाति के किसी व्यक्ति को इस पद पर देखने के वे अभ्यस्त ही नहीं थे। ऊपर से 'वाल्मीकि' उपनाम उनके गले ही नहीं उतर रहा था। एक अजीब-सी स्थिति थी। मैं एक सम्मानित पद पर इस फैक्टरी में आया हूँ, वह भी एक विशिष्ट योग्यता के साथ। यह बात लोगों के गले ही नहीं उतर रही थी। वे इसे आरक्षण द्वारा मिलनेवाली सुविधाओं के साथ जोड़कर देख रहे थे। मेरी पढ़ाई-लिखाई, प्रशिक्षण, अनुभव के बारे में वे जानने की कोशिश भी नहीं कर रहे थे। मेरे लिए यह सब एक अलग तरह का अनुभव था।

डिजाइन ऑफिस में मेरी पोस्टिंग हुई थी जिसके प्रभारी जेठी जी थे। तीस वर्षों से वे इसी अनुभाग में थे। ऑफिस में अनेक पदों पर रहते हुए प्रभारी बने थे इसलिए अनुभवों का दायरा भी व्यापक होगा, ऐसा कोई भी सोच सकता था। जब मैं उनसे मिला तो वे एक अजीब-सी गर्वीली मुद्रा में बात कर रहे थे जिसमें अहं भाव ज्यादा था। मेरी योग्यता को लेकर भी उनके मन में सन्देह था, जो मेरे लिए काफी चौंकानेवाला था।

उनका पहला प्रश्न ही अजीब तरह का था, उन्होंने कहा—"यहाँ डिजाइनिंग का काम होता है, आप कर पाएँगे?"

"क्यों, आपको ऐसा क्यों लग रहा है कि मैं नहीं कर पाऊँगा, शायद

आपको जानकारी नहीं है, मैंने इसी क्षेत्र में मुम्बई से प्रशिक्षण लिया है और ऑर्डनेंस फैक्टरी, चन्द्रपुर में यही काम करता रहा हूँ।'' मैंने उन्हें बताने की कोशिश की लेकिन जैसे वे मेरी किसी भी बात पर विश्वास करने के मूड में नहीं थे। शायद पहले से ही यह मानकर चल रहे थे–

'वाल्मीकि...वह भी डिजाइनर... ?' उनकी कल्पना से बाहर था, एक वाल्मीकि का इस पद पर आना।

''किस तरह का काम किया है अभी तक... ?'' जेठी जी ने बिना मेरी बात सुने अगला सवाल किया।

मुझे लगा कि ये श्रीमान् वही सुनना चाहते हैं जिसके वे आदी हैं इसलिए मैंने साफ-साफ कहा, ''छोड़िए...इन बातों को, आप जो भी काम देंगे मैं करूँगा।''

मेरे इस आत्मविश्वास से जैसे वे कुढ़ गए थे। उनके चेहरे पर एक अजीब-सी भाव-भंगिमा परिलक्षित हुई थी। चैलेंज करने की मुद्रा में बोले, ''मिस्टर! यहाँ डिजाइनिंग का काम है, इसमें दिमाग लगाना पड़ता है, साथ ही रशियन ड्राइंग्स हैं जिन्हें समझना हर किसी के बस का नहीं है।''

क्षण भर को लगा जैसे मेरे भीतर जज्ब आक्रोश एकदम फट पड़ेगा लेकिन मैंने जल्दी ही स्वयं के जज्बातों पर काबू पर लिया था। पहले ही दिन मैं ऐसा कुछ भी नहीं करना चाहता था जो ऑफिस के अनुशासन के खिलाफ जाए।

मैंने शान्त स्वर में कहा, ''जी, मानता हूँ...लेकिन धन्यवाद आपने मेरी जानकारी बढ़ाई कि ऑफिस में ऐसे भी काम होते हैं जिनमें दिमाग की जरूरत नहीं होती।''

वे आगे कुछ बोलना चाहते थे लेकिन बोल नहीं पाए। उन्होंने एक कागज मेरी ओर बढ़ाया, यह सोचकर कि यह काफी कठिन काम होगा मेरे लिए। पूरे रोब-दाब से बोले, ''इसे स्टडी करके बताओ कि यह काम आप कब तक पूरा कर देंगे?''

मैंने कागज उनके हाथ से लेते हुए सरसरी तौर पर उसे देखा और उन्हें आश्वस्त करने के उद्देश्य से कहा, ''स्टडी और डिजाइनिंग साथ-साथ हो जाएँगे।''

मेरे एक-एक शब्द से जैसे वे चिढ़ रहे थे जबकि मैं सहज रूप से बात कर रहा था।

''फिर भी कब तक हो जाएगा?'' उसने आदेशात्मक लहजे में कहा।

''आपको कब तक चाहिए?...वह भी बता दीजिए।'' मैंने उनसे ही पूछ लिया।

''दो दिन से ज्यादा नहीं।''

उन्होंने उँगलियों के बीच फँसी सिगरेट का कश लेते हुए ऐसा दिखाने की चेष्टा की जैसे मुझे अपने जाल में फँसाकर दबोचना चाह रहे हैं लेकिन मेरे आत्मविश्वास ने उन्हें धराशायी कर दिया था।

मैंने कहा, ''आज शाम से पहले आपकी मेज पर होगा, निश्चिन्त रहें।''

जेठी जी हक्के-बक्के होकर मेरी ओर देख रहे थे। उन्हें यकीन ही नहीं हो रहा था कि यह काम तीन-चार दिन से पहले पूरा न हो सकता है...और यह पूरे आत्मविश्वास से कह रहा है कि आज ही हो जाएगा। दरअसल वह मेरी योग्यता को मेरी जाति के साथ जोड़कर देखने के लिए अभिशप्त थे, जो उनके प्रत्येक शब्द से झलक रहा था।

मैंने अपनी सीट पर बैठकर अपना काम शुरू कर दिया था। लगभग एक घंटे में डिजाइन तैयार हो गया था। जैसे ही काम खत्म हुआ, मैंने वह डिजाइन उनके सामने रखकर कहा, ''यदि कोई परिवर्तन चाहते हैं या आपके अनुकूल नहीं है तो बता दीजिए, मैं संशोधन कर दूँगा। वैसे मेरे हिसाब से यह एकदम सही है।'' इसके बाद मैं ऑफिस से बाहर निकल गया था। मेरे ऑफिस के पास ही कथाकार मदन शर्मा जी का ऑफिस था, मैं उनके पास जाकर बैठ गया था।

मेरे सरनेम को लेकर पूरी फैक्टरी में चर्चा थी। सिर्फ गैर-दलितों

में ही नहीं, मेरी अपनी जाति के कर्मचारी भी हैरान थे कि वाल्मीकि सरनेम लगानेवाला यह कौन है और कहाँ से आ गया है? कुल मिलाकर स्थिति मेरे लिए काफी उत्तेजक थी। मुझे जो ऑफिस मिला था, वह प्रशासनिक भवन में था। वहीं विजिलेंस अनुभाग में मेरी ही जाति के रमेश कुमार और रामस्वरूप थे, जो एक वरिष्ठ अधिकारी के पी.ए. थे। वे दोनों भी इसी भवन में बैठते थे। रमेश कुमार जी और रामस्वरूप जी ठीक-ठाक पदों पर थे लेकिन दोनों ही अपने समाज से कटे-कटे रहते थे। किसी से मिलते-जुलते भी नहीं थे। जब उन्हें यह पता चला कि कोई ओमप्रकाश आया है, जिसका सरनेम वाल्मीकि है तो वे गोपनीय तरीके से मुझसे मिले थे। वह भी मेरे ऑफिस में नहीं बल्कि प्रशासन भवन के गलियारे में। जब वे मुझसे बात कर रहे थे तो बार-बार सावधानीपूर्वक इधर-उधर देख लेते थे कि कहीं कोई देख तो नहीं रहा है। वे दोनों बेहद डरे हुए थे। उनकी इस हरकत को मैंने ताड़ लिया था और मजा लेने के लिए उनसे कहा था, ''यदि मेरे साथ बात करने से आपकी प्रतिष्ठा पर आँच आती है तो कृपया आगे से हम नहीं मिलेंगे। आप लोगों को समाज से डर लगता है तो लगे, मुझे नहीं लगता।''

''अरे नहीं भाई साहब! यहाँ के माहौल से आप परिचित नहीं हैं। अभी नए-नए आए हैं आप। जैसे ही लोगों को जाति का पता चलता है तो उनका व्यवहार बदल जाता है, तब बहुत बुरा लगता है।'' रामस्वरूप ने मन में छिपी पीड़ा व्यक्त की थी, जिसमें रमेश कुमार जी की भी सहमति थी।

मैंने जोर देकर कहा था, ''देखिए, जाति को लेकर समाज में जो स्थिति है, मैं उससे इनकार नहीं कर रहा हूँ। लेकिन जितना डरोगे, लोग उतना ही तुम्हें डराएँगे। एक बार मन से डर निकाल दो, फिर देखो, तुमसे डरने लगेंगे। डर-डरकर हजारों साल से जी रहे हो, क्या मिला? पढ़-लिखकर अच्छे पद पर काम कर रहे हो, फिर भी डरे हुए हो, अपने भीतर के हीनताबोध से बाहर आकर देखो। भाई! यह भी कोई

जिन्दगी है। हर वक्त सिर्फ इस चिन्ता में घुलते रहो कि सामने वाला आपकी जाति के कारण आपके साथ गलत व्यवहार कर रहा है। जरा एक बार विरोध करके तो देखो, शायद स्थिति में कोई अन्तर आ जाए। जिस बात से टकराना चाहिए, उससे डरकर भाग रहे हो, क्यों? इससे मुक्त होने का क्या यही रास्ता बचा है कि समस्या से पलायन करके भाग लो। इससे क्या समस्या खत्म हो गई! नहीं, खुलकर कहो, जो भी कहना है, अपनी काबिलीयत साबित करो, स्थितियाँ बदलेंगी, यही तो जीवन-संघर्ष है।''

वे चुपचाप मेरी बात सुन रहे थे लेकिन उन पर मेरी बातों का कोई असर नहीं हुआ था, यह मैंने समझ लिया था। मैं जानता था, ऐसे लोगों की कमी नहीं है जो समस्या से टकराने के बजाय उससे भागकर या तो अपनी पहचान छिपा लेते हैं या अपना सरनेम बदलकर गलतफहमियों में जीने की कोशिश करने लगते हैं। ऐसे पढ़े-लिखे लोग न समाज में कोई बदलाव ला सकते हैं, न दूसरों के लिए कोई विकल्प ही ढूँढ़ सकते हैं। बस अपने दड़बे में दुबककर किसी तरह जीने की कोशिश भर करते हैं। कुछ दिन बाद पता चला कि वे सरकारी नौकरी में 'वाल्मीकि' हैं और बाहर की दुनिया में 'ईसाई' इसलिए वाल्मीकि समाज से दूर होते जा रहे हैं। अपनी पहचान के खुल जाने के भय से न वे घर के रहे थे, न घाट के। उनसे मिलकर मुझे एक गहरी पीड़ा का एहसास हुआ था।

दूसरे दिन जैसे ही मैं अपनी सीट पर पहुँचा, लगभग पूरा स्टाफ अपने-अपने काम में लग चुका था। जेठी जी अपनी सीट पर नहीं थे, तभी जेठी जी के फोन की घंटी बजी। एक स्टाफ ने फोन उठाया, ''हैलो...जी...ठीक है।''

''वाल्मीकि जी! पद्मनाभन साहब के ऑफिस से फोन है, साहब बुला रहे हैं।'' स्टाफ कर्मी ने फोन रखते हुए सूचना दी।

पद्मनाभन जी मेरे बॉस थे, डिप्टी जनरल मैनेजर के पद पर। थे तो दक्षिण भारतीय लेकिन बँगला, हिन्दी, अंग्रेजी तथा दक्षिण की सभी भाषाओं पर कमाल का अधिकार रखते थे। साँवले रंग के लम्बे, स्मार्ट अधिकारी, जो पहली ही मुलाकात में अपना प्रभाव छोड़ जाते थे। जैसे ही मैं उनके केबिन में घुसा तो देखा कि जेठी जी पहले से वहाँ बैठे हुए हैं और मेरे द्वारा बनाया गया डिजाइन पद्मनाभन जी के सामने रखा है, जिस पर जगह-जगह पेंसिल से गोले बने हैं। स्थिति समझने में मुझे देर नहीं लगी थी कि इस डिजाइन की चीर-फाड़ कराने और मेरे खिलाफ माहौल बनाने की मुहिम शुरू हो चुकी है। जीवन की टेढ़ी-मेढ़ी पगडंडियों से गुजरते हुए, ऐसी तकलीफदेह स्थितियों से कैसे निबटना है, वह मैं सीख चुका था, इसलिए स्वयं को शान्त रखा और किसी भी विपरीत स्थिति से निबटने के लिए मानसिक रूप से तैयार होने लगा था।

मुझे देखते ही पद्मनाभन जी ने सवाल दागा, "It is your design." (यह आपका डिजाइन है?)

"सर!" मैंने सहज रूप में कहा।

"Will it work smoothly?" (क्या यह बिना किसी रुकावट के काम करेगा?), पद्मनाभन जी ने प्रश्न किया।

"Why not sir?"(क्यों नहीं सर), मैंने तत्परता से उत्तर दिया।

"Are you sure?" (आप निश्चिन्त हैं?)

"सर!" मैंने पूरे आत्मविश्वास के साथ कहा।

"बैठिए," उन्होंने मुझे बैठने का इशारा किया।

कुछ देर वे डिजाइन को सूक्ष्मता से देखते रहे।

कुछ क्षण के बाद बोले, "Are you aware this factory is working on its own style with some different production facilities?" (क्या आप जानते हैं कि यह फैक्टरी अपनी और पुरानी शैली में कुछ अलग उत्पादन सुविधाओं के साथ काम करती है?), पद्मनाभन ने मेरी ओर तीखी नजरों से देखते हुए सवाल किया।

"ज्यादा नहीं जानता सर! इस फैक्टरी में मेरा यह दूसरा ही दिन

है।'' मैंने इत्मीनान के साथ स्वीकार किया।

''OK It is better you should take a round of the production sections of this factory.'' (ओके अच्छा होगा, आपको इस फैक्टरी के उत्पादन अनुभागों को देख लेना चाहिए।), पद्मनाभन जी ने मुझे मशवरा दिया।

''ठीक है सर! मैं इस फैक्टरी की सुविधाओं को जानने और समझने का प्रयत्न करूँगा।'' कुछ क्षण ठहरकर मैंने कहा, ''यदि आप मुझे इजाजत दें तो मैं कुछ कहना चाहता हूँ।'' उन्होंने इशारे से इजाजत दी।

''सर! हम एक अत्याधुनिक प्रोजेक्ट (परियोजना) पर काम करने के लिए यहाँ नियुक्त हुए हैं, जो कि रूसी तकनीक पर आधारित है। क्या हमें अपनी नॉलेज को अपडेट नहीं करना चाहिए... ? नई जानकारियों को अपनी कार्यप्रणाली का हिस्सा नहीं बनाना चाहिए? अपनी नॉलेज, सोच और मानसिकता को इस नई टेक्नोलॉजी के साथ जोड़कर नहीं चलना चाहिए? तभी हम अपने आपको नई दृष्टि के और नई टेक्नोलॉजी के साथ चला पाएँगे...ऐसा मुझे लगता है। यदि हम पुराने और आउटडेटिड सिस्टम के साथ नई टेक्नोलॉजी को अपनाएँगे तो हो सकता है, कहीं पिछड़ जाएँ। जापान ने इस दृष्टि को जिस तरह विकसित किया है, आज गुणवत्ता में वह कहाँ से कहाँ पहुँच गया है इसलिए हमें अपनी सोच और कार्यप्रणाली को भी विश्लेषित करना चाहिए...ऐसा मैं सोचता हूँ, अगर मेरी ये बातें गलत हैं तो आप जो भी निर्देश देंगे, मुझे मान्य होगा और मैं उसी के अनुसार काम करूँगा।''

पद्मनाभन जी अवाक् होकर मेरी बात सुन रहे थे। उनकी भीतर तक वेध देनेवाली नजरें मेरे चेहरे पर टिकी थीं। शायद मुझे समझने की कोशिश कर रहे थे। अचानक उनके चेहरे पर एक हलकी-सी मुस्कान दिखाई दी, जिसमें मेरी बात से सहमति की झलक थी। ''वेरी गुड...मि. वाल्मीकि! मुझे खुशी है। यही सोच और परिकल्पना तो हमें चाहिए...मि. जेठी! इनकी सीट मेरे सामनेवाले कमरे में लगा दो और इन्हें स्वतंत्र रूप

से अपना काम करने दो। इनके काम में आप कोई हस्तक्षेप नहीं करेंगे। इट इज क्लीयर...या आपको भी कुछ कहना है ?'' पद्‌मनाभन ने आदेश दिया।

''ठीक है सर! जैसा आप कहें।'' जेठी ने बेहद मरियल लहजे में हामी भरी थी लेकिन उनका चेहरा उतर गया था। वे बिना कुछ कहे उठकर चल दिए थे।

पद्‌मनाभन जी के आदेशात्मक निर्णय से जेठी जी को गहरा आघात लगा था, उन्हें अन्दाज भी नहीं था कि ऐसा कुछ हो जाएगा। पूरे दफ्तर में उनके ही फैसले और आदेश चलते थे, कोई उनकी अवेहलना नहीं कर सकता था। यह मैंने पहली ही मुलाकात में अच्छी तरह से जान लिया था लेकिन मेरे मामले में वे असफल रहे थे और भीतर ही भीतर बुरी तरह कुढ़ गए थे। दरअसल जेठी जी पहले ही दिन ऐसा कुछ करना चाहते थे कि मैं उनकी अधीनता स्वीकार करके उनके सामने समर्पण कर दूँ लेकिन उन्होंने थोड़ी जल्दबाजी की थी। मुझे ऐसा लगा कि मेरे सरनेम को लेकर वे कुछ ज्यादा ही पूर्वग्रही हो गए थे। उन्हें लगा कि मैं भी आरक्षण की बदौलत यहाँ तक पहुँचा हूँ, जैसा कि अकसर सरकारी दफ्तरों में लोग दलित वर्ग से आए कर्मचारियों, अधिकारियों के प्रति अपनी राय बना लेते हैं। वही गलती जेठी से भी हुई थी, इसलिए मैंने मन ही मन तय कर लिया था कि मि. जेठी को नाराज नहीं करना है। आखिर तो कार्यालय में वे मेरे वरिष्ठ थे और अब काफी लम्बे समय तक उनके साथ ही काम करना है, इसलिए मैंने मन ही मन तय कर लिया था कि जो भी हुआ उसके लिए मौका मिलते ही मैं अपना पक्ष उन्हें समझाने की कोशिश करूँगा।

लेकिन जैसे ही मैं अपनी सीट पर पहुँचा, ऑफिस का माहौल ही बदला हुआ था। सब लोग ऐसे बैठे थे जैसे अभी-अभी किसी के

अन्तिम संस्कार से लौटे हैं। चुपचाप, कोई हलचल नहीं, मुझे लगा कि शायद मैं कहीं गलत जगह तो नहीं आ गया हूँ। मैं कुछ देर अपनी सीट पर बैठा रहा, इस इन्तजार में कि शायद जेठी जी कुछ कहेंगे लेकिन जेठी जी सिगरेट के लम्बे-लम्बे कश कुछ इस तरह खींच रहे थे जैसे आज ही पैकेट की सारी सिगरेट खत्म कर देंगे। कुछ देर मैं भी उस माहौल का हिस्सा बनकर चुपचाप बैठा रहा लेकिन वह खामोशी जेठी जी के धुएँ से मिलकर घुटन पैदा कर रही थी। मेरे लिए यह माहौल असहनीय था। मैंने ऑफिस के लेबर को आवाज लगाई, जो सबसे पीछे रिकॉर्ड रूम में खड़ा था। इस माहौल का मजा ले रहा था। ऑफिस में मेरे आने से पूर्व जो भी हुआ होगा, वह उसे सुन और देख चुका था। मेरे पास आकर लेबर ने कहा, "सर!"

"देखो, मेरी सीट अभी इसी वक्त पद्मनाभन साहब के सामनेवाले ऑफिस में शिफ्ट करनी है। साथ ही यह ड्राफ्टिंग मशीन भी जाएगी। आपसे अकेले यह काम नहीं होगा। दो-तीन लेबर की जरूरत पड़ेगी। देखो! कहाँ से लाओगे। यदि किसी से कहना है तो मुझे बता देना, मैं कह दूँगा, लेकिन यह काम अभी होना है। पद्मनाभन साहब का आदेश है, यह ध्यान रखना।" मैंने आवाज थोड़ी ऊँची रखी थी ताकि पूरा ऑफिस ठीक से सुन ले। मेरे इस आदेश पर जेठी जी के चेहरे पर बेचैनी की रेखाएँ और गहरी हो गई थीं। उन्होंने पहली सिगरेट के बाद अब दूसरी भी सुलगा ली थी। मानो सिगरेट के धुएँ के साथ अपने भीतर उठते क्षोभ को पी जाने की कोशिश कर रहे थे।

ऑफिस के ज्यादातर लोग बरसों से जेठी जी की छत्रच्छाया में अपनी-अपनी नौकरी किसी तरह चला रहे थे। अपने सीमित ज्ञान और शैक्षणिक योग्यताओं के आधार पर वे पूरी तरह जेठी जी पर निर्भर थे। शायद यही कारण था कि उनमें एक अजीब तरह का दब्बूपन समा गया था। जेठी जी जो कहते, वे आँख मूँदकर उस पर चल पड़ते।

इसीलिए सब सिर झुकाए काम में लगे रहने की व्यस्तता कुछ ज्यादा ही दिखा रहे थे। सीट पर ऐसे चिपके थे जैसे फेवीकोल से चिपकाकर उन्हें बैठा दिया गया था। मेरे लिए यह माहौल बेहद तकलीफदेह था। एक तरह से अच्छा ही हुआ, मैं दूसरे ही दिन इस घुटन से मुक्त हो गया था लेकिन अफसोस भी था कि अपने ही साथियों के बीच इतनी जल्दी मेरे खिलाफ वातावरण बन जाएगा, यह मैंने सोचा भी नहीं था। मैं तो सबके साथ मिलकर, जुड़कर काम करने का पक्षधर रहा हूँ। अलग-थलग रहकर काम करने का मेरा स्वभाव नहीं था। वैसे भी मुझे विपरीत परिस्थितियों में संघर्ष करते रहने की आदत पड़ गई थी, जो इस नए वातावरण में टूटती नजर आ रही थी, जिसके लिए मैं मानसिक रूप से तैयार नहीं था लेकिन अपने वरिष्ठ अधिकारी के आदेश की अवेहलना करना भी मेरे अनुशासन के खिलाफ था। वे मेरे बॉस थे और मुझे उनके ही सिस्टम से जुड़कर अपना काम करना था, पर कहीं भीतर से एक आवाज भी आ रही थी कि जेठी जैसे व्यक्ति आगे चलकर मेरे लिए सिरदर्दी पैदा कर सकते थे, इसलिए यह ठीक ही हुआ कि इनकी बनाई दुनिया का हिस्सा बनने से पहले ही मैं मुक्त हो गया था।

देहरादून पहुँचकर सबसे बड़ी समस्या थी मकान की। इन्द्रेश नगर में मामा का परिवार था, मेरा बड़ा भाई जसबीर उनके ही साथ रह रहा था। जनेसर जो जसबीर से छोटा था, अपने परिवार के साथ इन्द्रेश नगर में ही अलग रहता था। दोनों परिवारों के पास इतनी जगह नहीं थी कि हम वहाँ रह सकें। हमारी अपनी गृहस्थी का इतना सामान हो गया था कि वहाँ रह पाना सम्भव ही नहीं था। सास-ससुर कलालोंवाली गली में लकड़ी के फट्टों से बने छोटे-से एक कमरे में रह रहे थे। साथ में थोड़ी-सी जगह थी, जिसमें एक चारपाई ही आ सकती थी। हमारे आ जाने से किसी तरह सोने की जगह बनानी पड़ती थी लेकिन शौचालय और नहाने की बड़ी दिक्कत थी। बाहर खुले में

नहाना पड़ता था। चन्दा का मन था कि जब तक मकान नहीं मिलता है, हम यहीं अम्मा-अब्बा के साथ रहेंगे। असुविधा जरूर होगी लेकिन वे काफी लम्बे समय से अकेले रह रहे हैं, हम कुछ दिन साथ रहेंगे तो उन्हें अच्छा लगेगा। मुझे तो सिर्फ रात में सोने के लिए ही वहाँ रहना था, दिन भर तो ऑफिस में ही रहना था। मैंने कहा ठीक है, यदि तुम्हें कोई दिक्कत नहीं है तो रह लो।

सुबह के नित्य कार्यों के लिए जल्दी उठकर मैं रेलवे स्टेशन चला जाता था। सुबह के सारे कामों से निबटकर ही वापस आता था। उसके बाद नाश्ता करके ऑफिस के लिए निकल जाता था। कलालोंवाली गली से स्टेशन ज्यादा दूर नहीं था, दस-पन्द्रह मिनट का पैदल का रास्ता था। इसी बहाने सुबह का टहलना भी हो जाता था।

चन्द्रपुर से चलते समय हमने अपना सारा सामान ट्रेन में बुक कराया था, वह अभी तक देहरादून नहीं पहुँचा था। मेरे लिए यह एक परीक्षा की घड़ी जैसी थी। दफ्तर और मकान की समस्या, दोनों से एक साथ निबटना था लेकिन हमारे देहरादून आ जाने से सास-ससुर के चेहरों पर जो खुशी दिखाई दे रही थी, उसका कोई जवाब नहीं था। कलालोंवाली गली में जितने भी घर थे, शायद ही कोई बचा हो जहाँ अम्मा ने जाकर नहीं कहा, ''मेरी बेटी और दामाद देहरादून आ गए हैं। दामाद बम्ब फैक्टरी में अफसर हैं।'' जो भी मिलता सबसे वे यही कहतीं। कभी-कभी मुझे अजीब-सा लगता लेकिन खुशी जाहिर करने का उनका यही तरीका था, जिसे देखकर मुझे भी हँसी आ जाती थी। मैंने अम्मा को हँसकर कहा भी, ''ऐसा अफसर जिसके पास सिर छिपाने के लिए घर तक नहीं है, जो किराए के मकान के लिए दर-दर भटक रहा है, जिसे कोई भी अपना मकान किराए पर देने को तैयार नहीं है।''

तब अब्बा हौसला देते, ''मिल जाएगा मकान भी, जी छोटा न करो, सड़क पर तो नहीं बैठे हो, झोंपड़ी ही सही, है तो।''

तब मुझे लगता कि इन लोगों ने अभाव को भी अपने जीने का मकसद बना लिया है और इसी में खुश हैं। इससे ज्यादा की इन्हें चाह

भी नहीं है या उसे पाने के लिए कभी कोशिश भी नहीं की। कितना धैर्य है इन लोगों में...उनके भीतर खदबदाते विश्वास को समझने की कोशिश करता। क्या कभी उन्हें नहीं लगा होगा कि वे भी एक अच्छे मकान में रहें, सुख-सुविधाओं के साथ। ऐसे ही एक दिन मैंने उनसे कहा भी था, "मकान मिल जाएगा तो इस झोंपड़ी को छोड़कर हम लोग साथ रहेंगे।" अम्मा तो चाहती थी कि वे हमारे साथ रहें लेकिन अब्बा एकदम से कहने लगते, "ना बेटा! हम तो यहीं ठीक हैं, इसी में जिन्दगी बीत गई है, थोड़ी-सी बची है, वह भी बीत जाएगी...आप लोग खुश रहो। हाँ, आपकी माँ जाना चाहें तो इन्हें ले जाना, मैं तो इसी झोंपड़ी में बाकी समय भी काट लूँगा।" ऐसे पलों में मेरे मस्तिष्क के तमाम रेशे घरघराने लगते थे। कितना गहरा सन्तोष पाले बैठे हैं अपने मन में, किसी भी तरह के बदलाव की आकांक्षा जैसे खत्म हो चुकी है। ये पल मुझे गहरे अवसाद से भर जाते थे। मैं भीतर ही भीतर टूटने लगता था।

सबसे पहले ट्रेन से मेरा स्कूटर आया था। उस समय मेरे पास लैम्बी स्कूटर था। जैसे ही चन्दा को पता चला कि स्कूटर आ गया है तो मेरे ऑफिस से लौटने की प्रतीक्षा करने लगी थी। कोई और था भी नहीं, जो स्टेशन से घर तक स्कूटर को चलाकर ला सके लेकिन अब्बा ने चन्दा से रेलवे की रसीद ले ली थी, "देखता हूँ, कोई लड़का मिल जाएगा तो मैं लेकर आता हूँ।" और बिना देर किए वे स्टेशन जाने के लिए निकल गए थे।

चन्दा ने उनसे कहा भी था, "इन्हें आ जाने दीजिए। स्कूटर में पेट्रोल भी नहीं है, वह भी डलवाना पड़ेगा, बिना पेट्रोल वह चलेगा कैसे?"

लेकिन अब्बा ने एक नहीं सुनी थी और घंटे भर बाद चन्दा ने देखा, वे स्कूटर को पैदल ही खींचकर ला रहे हैं। उस पर चढ़ाए गए कवर तक उन्होंने नहीं उतारे थे। स्टेशन पर रेलवे पार्सल में मुन्ना लाल जी थे, जिनसे मेरा परिचय हो चुका था, इसलिए स्कूटर मिलने में तो

कोई दिक्कत नहीं आई थी लेकिन उनके कहने के बाद भी अब्बा ने कवर घर आकर ही उतारे थे। वे बिना देर किए स्कूटर को आँगन में लाकर खड़ा करना चाहते थे।

जब मैं घर पहुँचा तो देखा, मेरा स्कूटर आँगन में खड़ा है, जिसे धो-पोंछकर अब्बा ने चमका दिया है और उसके ही पास बैठे हैं, उन्हें डर था कि आस-पड़ोस के शैतान बच्चे कहीं स्कूटर के साथ कोई छेड़खानी न करें। चन्दा ने बताया, "पता है, खुद स्टेशन से खींचकर लाए हैं इसे।"

"क्यों? अरे मेरे आने का तो इन्तजार कर लेते!" मैंने कहा।

"इन्तजार...इनका तो वश नहीं चला, वरना ये तो इसे सिर पर रखकर लाते ताकि टायर खराब न हो जाएँ।" चन्दा ने हँसते हुए कहा।

दरअसल उनकी जो खुशी थी, उसे कोई भी समझ नहीं पा रहा था। जिस व्यक्ति ने सारी जिन्दगी अभाव में बिताई हो, उसके दरवाजे पर जब पहली बार स्कूटर आकर खड़ा होगा, इसका अन्दाजा वही लगा सकता है जिसने यह महसूस किया हो। उनके लिए स्कूटर किसी इम्पाला से कम नहीं था। इसीलिए वे थोड़ी-थोड़ी देर बाद उसे झाड़-पोंछ रहे थे। यह उनके जीवन की बहुत बड़ी खुशी थी। मैंने उसी क्षण यह महसूस कर लिया था क्योंकि मैंने भी वह अभाव की जिन्दगी जी थी, जिसे आज भी मैंने अपनी स्मृति में सुरक्षित रखा हुआ है, जो मेरे लिए ऊर्जा बनती है और मुझे प्रेरणा देती है। उसी वक्त अब्बा एक प्लास्टिक कंटेनर लेकर आए, "चलो, पेट्रोल लेकर आते हैं।" उन्होंने कहा। पेट्रोल पम्प घर से ज्यादा दूर नहीं था, गांधी रोड पर बस अड्डे के पास था।

"मुझे मालूम नहीं था कि कितना लाना है, वरना मैं पहले ही ले आता।" अब्बा ने कहा।

"कोई बात नहीं, मैं ले आऊँगा, आप रहने दो।" मैंने उन्हें समझाने की कोशिश की लेकिन वे नहीं माने और साथ चलने की जिद करने

लगे। जब हम घर लौट आए तो चन्दा ने कहा, "जानते हो, वे नहीं चाहते थे कि उनके दामाद को कोई यह कंटेनर उठाकर लाते हुए देखे, यह उनकी इज्जत का सवाल है।"

"क्यों अपना काम अपने आप करने में कैसी शर्म? यह तो गलत बात है। ये मेरे पिता समान हैं, इनका इसे उठाकर लाना मेरे लिए भी तो शर्म की बात है...आगे से इस तरह की कोई औपचारिकता ये न निभाएँ इन्हें कह देना, वरना मुझे खराब लगेगा।" मैंने चन्दा को समझाने की कोशिश की।

स्कूटर आ जाने से किराए के मकान ढूँढ़ने की भागदौड़ भी आसान हो गई थी। हर रोज ऑफिस से आते ही करनपुर, डालनवाला, क्रॉसिंग, अधोईवाला, डीएल रोड आदि जगहों पर मकान की तलाश जारी थी। सभी जगह मकान मालिक जब पूछताछ करते तो पहला सवाल जाति का ही पूछते थे। एक मकान पसन्द आ गया था। मकान मालिक से किराए की बात भी हो गई थी। हम चार लोग थे एक साथ।

मकान मालिक ने अचानक पूछा, "आपमें से मकान किसे चाहिए?"

अनिल भारद्वाज ने मेरी ओर संकेत किया, "ये और इनकी पत्नी, दो ही सदस्य हैं परिवार में।"

मकान मालिक ने मुझे ऊपर से नीचे तक देखा। कुछ हिचकते हुए पूछा, "आपका सरनेम क्या है?"

इससे पहले कि मैं कोई उत्तर देता, अनिल ही बोला, "आपको सरनेम चाहिए या किराया?"

"देखो जी, बाद में झंझट नहीं चाहिए, हम लोग कुमाऊँनी ब्राह्मण हैं, किसी डोम या मुसलमान को अपने यहाँ किराए पर नहीं रख सकते।" उसने फैसला सुना दिया था।

मैंने अनिल भारद्वाज का हाथ पकड़ा और चलने का इशारा किया, "चलो अनिल! मुझे ऐसे संकीर्ण और बीमार लोगों के साथ नहीं रहना है, अच्छा ही हुआ, इन्होंने अभी पूछ लिया, बाद में पूछते तो...धन्यवाद!"

मैं अनिल को जबर्दस्ती बाहर खींच लाया था, वह लड़ने के मूड में दिख रहा था। उसके चेहरे की नसें फड़फड़ाने लगी थीं। बाहर आकर मैंने उसे शान्त रहने के लिए कहा, "अनिल, इन सवालों को आप लोग आज सुन रहे हैं लेकिन भाई, हम तो पैदा होते ही इसे सिर्फ सुनते ही नहीं इनकी ज्यादतियों को भी सहन करते हैं क्योंकि इनको यह सब घुट्टी में पिलाकर बड़ा किया जाता है, ये सब देवभूमि के देव-पुत्र हैं, भला मनुष्यों की इनके मन में क्या इज्जत होगी। इसलिए शान्त रहो, समय बदलेगा, तुम्हारे जैसे लोग भी तो हैं इसी देश में, जो एक वाल्मीकि के लिए दर-दर भटक रहे हैं। मुझे उनकी जरूरत नहीं है। मुझे तुम जैसे लोगों की जरूरत है जो मेरे अपमान को अपना अपमान समझते हैं।" मैंने गहरे क्षोभ के साथ कहा।

महीना भर भटककर भी मुझे किराए का मकान नहीं मिला था। फैक्टरी आवासीय कॉलोनी में नए प्रोजेक्ट के आने से मकानों की कमी थी। नई आवासीय कॉलोनी बनने में अभी काफी समय था। अभी तो फैक्टरी बनाने के लेआउट पर ही काम चल रहा था। आवासीय कॉलोनी तो अभी दूर की बात थी। जब शहर में मकान नहीं मिला तो छोटी-छोटी दलित बस्तियों की ओर रुख किया। वहाँ कोई ढंग का मकान नहीं मिला। सबसे बड़ी समस्या शौचालयों की थी। वैसे और भी कई तरह की दिक्कतें थीं। कम सुविधाओं में रह लेने की मुझे आदत थी लेकिन गत वर्षों में जिस तरह की साफ-सफाई में रह रहा था, वैसी नहीं मिल रही थी, साथ ही आसपास शान्ति हो ताकि लिखने-पढ़ने का काम भी हो सके।

मेरे सास-ससुर जहाँ रहते थे वहाँ मकान मालिक से भी मैंने कहा

था, "आपके पास एक कमरा खाली पड़ा है, कुछ समय के लिए हमें किराए पर दे दें, हमारा काम चल जाएगा।" लेकिन उसने भी सीधे-सीधे ना कर दी थी। चन्दा मन ही मन परेशान थी, माँ-बाप के पास आकर रहने की उसकी खुशी धीरे-धीरे खत्म होने लगी थी। चन्द्रपुर में हम लोग सरकारी मकान में रहे थे, जो अच्छी जगह पर था और उसमें जगह भी काफी थी। एक अच्छा समय हमारा वहाँ बीता था।

घर-गृहस्थी का सारा सामान ट्रेन से आ गया था। जो बड़े-बड़े बक्सों और कारटंस में बँधा पड़ा था। उसके भी खराब होने की पूरी सम्भावना थी। कुछ पैकेट सास-ससुर ने मकान मालिक के टिन शेड में रखवा दिए थे। कुछ चन्दा की बड़ी बहन के घर इन्द्रेश नगर में रखे थे, उन्हें भी वहाँ से हटाना जरूरी था। उनके कमरे भी पूरी तरह भर गए थे। आखिर वहाँ भी कितने दिन सामान रख सकते थे। इन हालात से जूझते हुए मैं मकान की तलाश में लगा था। मेरे मित्र भी मेरे लिए मकान की तलाश लगातार कर रहे थे लेकिन 'जाति' के सवाल पर वैसे तो खुलकर कुछ नहीं कहते थे लेकिन यह अहसास उन्हें भी होने लगा था। जाति के कारण मुझे किराए का मकान नहीं मिल पा रहा है। जहाँ भी गए वहाँ सबसे पहले जाति पूछी गई। मकान मालिक साफ शब्दों में कहते थे, "ना जी, किसी चूहड़े-चमार को हम मकान नहीं देंगे।" इस उत्तर पर उलटे पाँव लौटना पड़ता था। मन में ढेर-सी कुंठाएँ लेकर वापस आ जाते थे। तंग आकर मेरे कई मित्रों ने यह भी सुझाव दिया था, "यार! तेरे माथ पर लिखा है कि तू एस.सी. है, मत बता, तुझे देखकर कोई कहेगा कि तू कौन है?" लेकिन उनके ये तर्क मैं मानने के लिए कतई तैयार नहीं था। मैं झूठ बोलकर मकान नहीं लूँगा...चाहे जो भी स्थिति रहे। यदि आधुनिक कहे जानेवाले पढ़े-लिखे लोगों के इस शहर देहरादून की यह हालत है तो छोटे शहरों में तो दलितों को मकान मिलने का सवाल ही पैदा नहीं होता है। मेरे जैसे पढ़े-लिखे व्यक्ति को यदि यह शहर स्वीकार करने को तैयार नहीं तो शर्मिन्दा मुझे नहीं इस शहर को होना चाहिए।

इन तमाम विपरीत स्थितियों में भी मैंने हौसला नहीं खोया था। हाँ, चन्दा जरूर निराश थी। उसने कभी ऐसे हालात नहीं देखे थे, न उसके सामने कभी इस तरह की स्थितियाँ इतने विकट रूप में आई थीं। हाँ, छोटी-मोटी घटनाओं से उसका भी सामना जरूर हुआ था लेकिन इस रूप में नहीं। एक रोज तो तंग आकर उसने कहा भी था, "कहीं दूसरी जगह तबादला करा लो, आखिर कब तक इस तरह भटकते रहेंगे।" मैंने उसे समझाने की कोशिश कई बार की थी, "इतनी जल्दी हार मान गई हो, अभी तो हमें बहुत-सी ऐसी स्थितियों से गुजरना है, जहाँ हमारा जन्म लेना ही अभिशाप कहा जाएगा लेकिन मुझे कोई अफसोस नहीं है कि मेरा जन्म इस जाति में हुआ। मैं इसे एक चैलेंज के रूप में लेता हूँ...और लेता रहूँगा। मैं निराश नहीं हूँ, जरा उन दोस्तों को भी तो देखो जो मेरे साथ इस मुहिम में शामिल हैं, क्या वे मेरी जाति के हैं, वे सब तो ऊँची जाति कही जानेवाली जातियों से हैं, उस वक्त वे सब मेरे करीब होते हैं, मेरी पीड़ा में सहभागी होकर मुझे हौसला देते हैं, मैं उनके विश्वास को तोड़कर यहाँ से पलायन नहीं करूँगा, चाहे जो भी हो, अब तो मुझे इसी शहर में रहना है और सबके बीच।" चन्दा और ज्यादा डर गई थी लेकिन उस वक्त कुछ ज्यादा नहीं बोल पा रही थी।

एक-आध बार ऐसी स्थिति भी आई जब मेरे गैर-दलित मित्रों ने मकान मालिक के साथ सख्ती से बात की और अपना आपा खो बैठे। उस वक्त मैंने ही उन्हें रोका था। ऐसी ही घटना देहरादून के अधोईवाला में हुई थी। उस वक्त मेरे साथ विजय बहादुर और अनिल भारद्वाज थे, जो मकान दिखाने ले गए थे। विजय मकान मालिक को बता चुका था कि मेरे बेहद करीबी मित्र महाराष्ट्र से ट्रांसफर होकर आए हैं सिर्फ वे और उनकी पत्नी हैं, ऑर्डनेंस फैक्टरी में अधिकारी हैं, जैसे ही सरकारी आवास मिल जाएगा आपका मकान खाली कर देंगे। विजय ने किराए की बात भी तय कर ली थी, सिर्फ चन्दा को मकान दिखाना था तथा महीने का अग्रिम किराया देना था लेकिन विजय ने अपनी जेब से पूरे

महीने का एडवांस किराया इस शर्त पर मकान मालिक को दे दिया था कि यदि भाभी जी को मकान पसन्द आ गया तो कल सामान शिफ्ट कर लेंगे, यदि पसन्द नहीं आया तो आप यह एडवांस वापस कर देंगे।

जब हम लोग मकान देखने पहुँचे, मकान मालिक घर पर ही थे। मकान चन्दा को पसन्द आ गया था। पहली मंजिल पर था। दो कमरे थे, रसोई, बाथरूम सब कुछ व्यवस्थित था। सामने खुली छत थी। कपड़े सुखाने के लिए दो तार भी बँधे थे। मैंने विजय से पूछा, "किराए की बात हो गई है?"

"हाँ, मैंने एडवांस भी दे दिया है, इस शर्त पर कि यदि भाभी जी को मकान पसन्द नहीं आया तो एडवास वापस ले लेंगे।" विजय ने कहा।

विजय ने चन्दा से बात करके मकान मालिक को आवाज दी। वे बाहर निकलकर ऊपर छत पर आ गए थे।

विजय ने कहा, "भाई साहब! कल सामान लेकर आ जाएँगे, मकान पसन्द आ गया है भाभी जी को।"

अनिल ने भी हामी भरी थी। मकान ठीक है।

अचानक मकान मालिक ने सवाल किया, "आप लोग मराठी हैं?"

मैंने कहा, "नहीं, महाराष्ट्र में मेरी पोस्टिंग थी, अभी-अभी ट्रांसफर हुआ है। हम लोग यहीं उत्तर प्रदेश के ही रहनेवाले हैं। मेरी पत्नी यहीं देहरादून से हैं।" इसी बीच मकान मालिक की पत्नी भी ऊपर आ गई थी।

"किस जाति से हो?" उसने सवाल किया।

विजय अभी तक चुप था। इस सवाल पर वह आगे आ गया था। जल्दी से बोला, "भाई साहब! जब मैं आपको एडवांस दे रहा था, तब तो आपने नहीं पूछा था, अब अचानक यह सवाल?"

"नहीं, विजय भाई! आप नाराज न हों लेकिन हमें भी समाज में रहना है। आस-पड़ोस के लोग भी तो जानना चाहेंगे कि मकान किसको

दिया है, तब हम क्या जवाब देंगे? हम तो जात-पाँत नहीं मानते लेकिन हमारी इस कॉलोनी में कोई भी किसी एस.सी. और मुसलमान को अपना मकान किराए पर नहीं देता है। आप तो सब जानते ही हैं विजय भाई!''

उसने एक साँस में सारी बातें एक साथ कह दी थीं लेकिन विजय हत्थे से उखड़ गया था, ''आप इनको देखकर बता सकते हैं कि यह किस जाति में जन्मे हैं? नहीं बता सकते। इनके बारे में जितना मैं जानता हूँ शायद ये खुद भी अपने बारे में उतना नहीं जानते। यह मेरा बचपन का साथी है। जबलपुर में हम एक साथ हॉस्टल में रहे हैं, एक थाली में खाना खाया है। एक बिस्तर पर सोए हैं। एक-दूसरे के कपड़े पहने हैं। इनके परिवार में प्रत्येक व्यक्ति से मेरा सम्बन्ध है लेकिन मुझे कभी भी यह जरूरत नहीं पड़ी कि हम एक-दूसरे की जाति पूछें। इसकी जरूरत न मुझे महसूस हुई, न मेरी पत्नी को, न मेरे बच्चों को क्योंकि मेरी पत्नी के ये जेठ जी हैं, वे इनके पाँव छूती हैं, मेरे बच्चों के ताया हैं, अपनों से बढ़कर और आप इनकी जात पूछ रहे हैं! हमने आपकी जाति नहीं पूछी, वापस कीजिए एडवांस, ऐसे घटिया लोगों के मकान में, मैं अपने भाई और भाभी को रहने के लिए नहीं कहूँगा, आप जैसे थर्ड रेट व्यक्ति से मेरा परिचय रहा है, मुझे खुद पर शर्म आ रही है...''

मकान मालिक ने कुछ कहने के लिए मुँह खोलने की कोशिश की थी लेकिन विजय ने उसे रोक दिया, ''एक भी शब्द मुँह से निकाला तो मैं भूल जाऊँगा कि आपसे मेरा परिचय रहा है। पंजाब के लम्बरदार का बेटा हूँ...तेरे जैसे घटिया आदमी से मेरे बापू अपने डंगरों को चारा भी नहीं डालने देते, तू है कौन?...जो जात पूछता है...''

बात बढ़ती देखकर मैंने विजय की बाँह पकड़ी और वहाँ से हटाने की कोशिश की। विजय के गुस्से को मैं अच्छी तरह जानता था। मकान मालिक और मालकिन दोनों के चेहरे पर अजीब तरह का भय दिखाई दे रहा था।

अभी तक अनिल भारद्वाज चुप था लेकिन उसने मकान मालिक से पूछा, ''तुम्हारी क्या जात है ? अपनी भी तो बता दो, हो सकता हम आपकी जात को अपने से नीचा मानते हों और आपके साथ रहना पसन्द न करें।''

मकान मालिक एक पिटे हुए हताश सैनिक की तरह खड़ा था। उसे यह उम्मीद नहीं रही होगी कि स्थितियाँ इस तरह बदल जाएँगी।

मैंने अनिल को भी इशारा किया, ''चलो चलते हैं...श्रीमान एडवांस वापस कीजिए...और हाँ, जहाँ-जहाँ पैसों को रखा होगा, वहाँ-वहाँ गंगाजल जरूर छिड़क लेना, कहीं आपकी जातवालों को पता चल गया तो आपको जाति से बहिष्कृत न कर दें।''

इस घटना से चन्दा बुरी तरह आहत हुई थी। अनिल दुखी मन से वापस अपने घर लौट गया था लेकिन विजय हमारे साथ ही चल दिया था। घर पहुँचने पर जब अम्मा (मेरी सास) ने पूछा, ''क्या रहा, मिल गया मकान ?''

उत्तर विजय ने दिया था, ''मिल जाएगा अम्मा जी! आप क्यूँ फिकर करते हो, भाभी जी आप जल्दी से चाय बनाओ, मैं गरम-गरम समोसे लेकर आता हूँ...अम्मा जलेबी खाओगी...आते समय मैंने देखा, बाहर सड़क पर जो दुकान है वहाँ बन रही है।''

''विजय, तुम बैठकर अम्मा से बात करो, मैं लेकर आता हूँ।'' कहते हुए मैं बाहर निकल गया था। मैं जानता था चन्दा काफी निराश थी लेकिन कुछ कह नहीं पा रही थी। उसके चेहरे पर दुख और नैराश्य के भाव साफ-साफ दिखाई दे रहे थे।

रात का खान खिलाकर ही चन्दा ने विजय को जाने दिया था। विजय भी इस घटना से काफी आहत हुआ था। जब मैं बाहर तक उसे छोड़ने आया तो वह बोला, ''यदि आज तुमने मुझे न रोका होता तो सच कहता हूँ उसे उठाकर पटक देने में देर नहीं करता।''

''नहीं विजय! यह ठीक नहीं है। मारपीट से किसी भी समस्या का निदान नहीं होता। यह तो हजारों साल पुरानी समस्या है, इतनी

जल्दी लोग क्यों छोड़ना चाहेंगे। इसी में से रास्ता निकलेगा। तू ज्यादा मत सोच...इतनी जल्दी हार मान लेने से काम नहीं चलेगा।'' मैंने उसे समझाने की कोशिश की थी।

विजय को तो मैं समझाने की कोशिश कर रहा था लेकिन स्वयं मैं भी कम परेशान नहीं था। कहीं भीतर एक गहरी निराशा भर रही थी, जिससे लगातार मैं लड़ने की कोशिश कर रहा था। एक बार फिर मेरे वाल्मीकि सरनेम को लेकर घर में कलह पैदा होने की स्थितियाँ निर्मित हो रही थीं। दबे स्वर में चन्दा की बड़ी बहन और सुरजन सिंह इस ओर संकेत कर चुके थे लेकिन मैं किसी भी झूठ के सहारे जीवन जीने के पक्ष में नहीं था। यह मेरे अस्तित्व का संघर्ष था। साथ ही सामाजिक असमानता के विरुद्ध जिस लड़ाई में शामिल था, उसे बीच में छोड़कर पलायन करना मेरे लिए सम्भव नहीं था। इसीलिए मैंने तय कर लिया था कि मैं इस मुद्दे पर किसी भी प्रकार का समझौता नहीं करूँगा चाहे किसी छोटी-मोटी दलित बस्ती में झोंपड़ी बनाकर ही क्यों न रहना पड़े, क्योंकि कहीं जमीन खरीदकर मकान बना सकने की मेरी आर्थिक स्थिति नहीं थी।

करनपुर में भोलाराम खरे का परिवार काफी लम्बे समय से रह रहा था। चन्दा की बड़ी बहन स्वर्णलता उनकी पत्नी रामेश्वरी को इन्द्रेश नगर से ही जानती थी। एक दिन चन्दा को लेकर वे रामेश्वरी से मिलने करनपुर गई थीं। रामेश्वरी की लड़की मंजू बैंक में नौकरी करती थी। जब उनसे किराए के मकान की बात की तो मंजू ने कहा, ''इसी गली में डॉ. सिन्धवानी का मकान है, उनके यहाँ दो कमरे खाली थे, यदि किसी को अभी तक नहीं दिए हैं तो मैं बात करती हूँ।''

डॉ. सिन्धवानी डी.बी.एस. कॉलेज में केमिस्ट्री पढ़ाते थे। बी.एस-सी. में मंजू उनकी स्टूडेंट रही थी। एक ही गली में रहते थे तो रोज की दुआ-सलाम भी थी।

मंजू ने कहा, "आप लोग बैठो, मैं अभी पता करके आती हूँ।"

मकान खाली था, वे किसी किराएदार की तलाश में भी थे। मंजू ने डॉ. सिन्धवानी से बात की, "सर! मेरे भाई-भाभी का यहाँ ऑर्डनेंस फैक्टरी में ट्रांसफर हो गया है, उन्हें मकान चाहिए।"

"ठीक है, उन्हें दिखा दो, दो कमरे और रसोई है, लैट्रीन-बाथरूम शेयर करना पड़ेगा।"

डॉ. सिन्धवानी ने मंजू को दोनों कमरे दिखा दिए थे। उसने कहा, "सर! अगर आप कहें तो मैं उन्हें घर दिखा दूँ। भाभी जी हमारे यहाँ बैठी हैं।"

"हाँ, दिखा दो।" डॉ. सिन्धवानी ने हामी भरी।

"किराया भी बता देते तो ठीक रहता..." मंजू ने उनके मन की थाह लेने की कोशिश की।

"कोई बात नहीं...तुम्हारे भाई-भाभी हैं, तो किराया ज्यादा थोड़े ही माँगेंगे, जो मन में आए दे देना।" सिन्धवानी जी ने हँसते हुए कहा था।

"ठीक है सर! मैं उन्हें अभी लेकर आती हूँ..." मंजू उलटे पाँव लौट आई थी।

चन्दा को कमरे काफी छोटे लगे थे लेकिन मकान की समस्या जिस तरह विकराल रूप ले रही थी, उसने 'हाँ' कर दी थी। किराया भी तय हो गया था। चन्दा ने डॉ. सिन्धवानी से कहा था, "प्रो. साहब! मुझे तो पसन्द आ गया है लेकिन ये शाम को ऑफिस से आएँगे, मैं उन्हें साथ लेकर आऊँगी। वे मकान भी देख लेंगे और आपको किराया पेशगी भी दे देंगे।"

कमरे छोटे जरूर थे लेकिन यह मकान करनपुर मार्केट में था। अच्छा बड़ा आँगन था। मकान मालिक के अलावा एक कमरे में ओ.पी. आनन्द का छोटा-सा परिवार भी रहता था। कुल मिलाकर पारिवारिक

माहौल था। साथ ही चन्दा के लिए सुविधा भी थी। घर-गृहस्थी का सारा सामान रात दस बजे तक मिल जाता था, यानी मेरे लिए भी झंझट नहीं था कि ड्यूटी के बाद सामान लेने बाजार जाओ।

इस तरह अचानक मकान की समस्या खत्म हो गई थी। डॉ. सिन्धवानी ने ज्यादा पूछताछ नहीं की थी। शायद मंजू को वे बचपन से जानते थे। अगले ही दिन हमने सामान शिफ्ट कर लिया था। करनपुर से मेरा ऑफिस भी ज्यादा दूर नहीं था, इसलिए जगह कम होते हुए भी सुविधाएँ मन मुताबिक मिल गई थीं। डॉ. सिन्धवानी के दो बेटे और एक छोटी प्यारी-सी बिटिया थी—प्रिया। डॉ. सिन्धवानी जो सुबह छह बजे से ही ट्यूशन पढ़ाने में व्यस्त रहते थे। दस बजे के बाद कॉलेज जाते थे। दो-अढ़ाई बजे तक लौट आते थे और फिर ट्यूशन्स का सिलसिला शुरू हो जाता था, जो रात नौ-दस बजे तक चलता था। ज्यादातर विद्यार्थी बी.एस-सी. और एम.एस-सी. केमिस्ट्री के ही होते थे। घर का माहौल शान्त और पढ़ने-लिखने का था। बच्चे भी शान्त थे। कुल मिलाकर अचानक एक अच्छी जगह मिल गई थी, जहाँ मेरा पढ़ने-लिखने का सिलसिला भी जल्दी ही शुरू हो गया था।

मकान ढूँढ़ने में जो दिक्कत और अपमान झेलना पड़ा था, उससे अचानक निजात मिल जाएगी, इसकी कल्पना भी नहीं थी। जल्दी ही चन्दा डॉ. सिन्धवानी परिवार से घुल-मिल गई थी। करनपुर से कलालोंवाली गली भी ज्यादा दूर नहीं थी, इसीलिए अम्मा और अब्बा के लिए भी आना-जाना सुविधाजनक था।

नए प्रोजेक्ट के प्रशासन भवन और फैक्टरी के वर्कशॉप का कार्य तीव्र गति से शुरू हो गया था। इसी के साथ प्रशिक्षण संस्थान और छात्रावास, आवासीय कॉलोनी आदि की इमारतें भी बननी शुरू हो गई थीं। छात्रावास रायपुर बस अड्डे के पास बन रहा था। काफी बड़ी इमारत बनाने की योजना थी। छात्रावास दो मंजिला बन रहा था, जिसमें

लगभग 200 छात्रों के रहने की व्यवस्था थी। ऑर्डनेंस फैक्टरी अस्पताल की चारदीवारी से सटा हुआ पुलिस थाना था। उसी के साथ छात्रावास की इमारत का निर्माण कार्य शुरू हो चुका था। इसके ठीक पीछे हरी-भरी, शाल के पेड़ों से ढकी, पहाड़ी थी, जिसकी शृंखला दूर तक चली गई थी। छात्रावास की इमारत के लिए नींव से खोदकर निकाली गई मिट्टी इसी पहाड़ी की तलहटी में डम्प की गई थी। डम्प की गई मिट्टी का ढेर भी एक छोटी-मोटी पहाड़ी जैसा ही दिखाई देने लगा था, जहाँ मिट्टी डम्प की जा रही थी ठीक उसी के पास मजदूरों ने अपने रहने के लिए अस्थायी झोंपड़ी खड़ी कर ली थी। ये मजदूर ज्यादातर छत्तीसगढ़ (मध्य प्रदेश) से आए थे। ऐसी ही लगभग 16-17 झोंपड़ी देखते ही देखते खड़ी हो गई थीं।

25 दिसम्बर, 1985 की रात में देहरादून और मसूरी में तेज तूफान के साथ मूसलाधार बारिश हुई थी। देहरादून में भारी मात्रा में ओलावृष्टि और मसूरी में हिमपात हुआ था, जिसने जीवन को अस्त-व्यस्त कर दिया था। यह रात झोंपड़ियों में सोए मजदूरों के लिए मौत बनकर आई थी, जो अकल्पनीय था। न ठेकेदार ने सोचा होगा, न भवन निर्माण से जुड़े इंजीनियर्स ने। वैसे भी यह दुखदायी है कि बड़ी-बड़ी डिग्रियाँ लेकर नौकरी में आए ये इंजीनियर भी क्यों मजदूरों की सुरक्षा के प्रति इतने लापरवाह हो जाते हैं? और सारा दोष प्राकृतिक आपदाओं के साथ जोड़कर स्वयं बच जाते हैं। उस रोज भी यही हुआ था। पहाड़ी की ढलान से आनेवाला बरसात का पानी डम्प की हुई मिट्टी से टकराया, जिसे कुछ देर तक तो यह मिट्टी रोकने में सफल रही लेकिन जब पानी की मात्रा ज्यादा हो गई तो उसने एक बाँध का रूप ले लिया, जिसे रोकने में यह कच्ची मिट्टी कमजोर पड़ गई और मिट्टी के साथ पानी सीधे झोंपड़ियों पर चढ़ गया, जिनमें दिन भर के थके-हारे मजदूर गहरी नींद में सोए हुए थे। यह सब इतनी तेजी से घटित हुआ था कि वे नींद से जाग भी नहीं पाए और हजारों टन मिट्टी व पानी उनके ऊपर चढ़ गया था।

बरसात का पानी पहले भी ढलानों से बहकर नदी-नालों में चला

जाता रहा होगा लेकिन डम्प करते वक्त किसी भी इंजीनियर के मस्तिष्क में यह नहीं आया होगा कि पानी बहकर कहाँ जाएगा। यह घटना रात के लगभग दो-अढ़ाई बजे की है। रात भर वे मजदूर मिट्टी में दबे पड़े थे। समय पर कोई देख लेता और उन्हें कोई मदद मिल जाती तो शायद कुछ लोग बच जाते। सोलह झोंपड़ी जमींदोज हो गई थीं। किनारे की एक झोंपड़ी, जो थोड़ी ऊँचाई पर थी, वह बच गई थी, जिसमें दो मजदूर सोए हुए थे। वे सुबह पाँच बजे के आसपास जब उठे तो उनकी नजर उस जगह पर गई जहाँ झोंपड़ियाँ थीं, जो अब गायब थीं। सिर्फ चारों ओर कीचड़ ही कीचड़ दिखाई दे रहा था। उस समय अँधेरा भी था। वे कुछ स्पष्ट नहीं देख पा रहे थे। कीचड़ के कारण वे आगे बढ़ भी नहीं पा रहे थे। जब धुँधलका कुछ कम हुआ तो उनकी समझ में आया और वे अपने साथियों को मिट्टी से निकालने की जद्दोजहद में लग गए। एक जगह से उन्हें कुछ घुटती-सी आवाज सुनाई पड़ी। वे उस ओर भागे। उनके एक साथी का सिर मिट्टी से बाहर दिखाई दिया। उन्होंने काफी मुश्किल से उसे बाहर निकाला। वह जिन्दा था लेकिन उठकर खड़ा नहीं हो पा रहा था। उसे काफी चोट आई थी। उसका सिर और मुँह ठीक था।

पास ही पुलिस थाना था। वे दौड़कर वहाँ गए और थाने में मौजूद सिपाहियों को इस घटना की सूचना दी। सिपाही नींद से अधजगे होकर उनकी बात सुन जरूर रहे थे लेकिन उनके लिए यह मात्र एक घटना भर थी। कोई मरे या जीए उन्हें कोई खास मतलब नहीं था।

उन्होंने कहा, ''तुम दोनों यहाँ क्या कर रहे हो, जाओ और अपने साथियों को मिट्टी से बाहर निकालो, हम आते हैं अभी...।''

उनका यह नकारात्मक रवैया देखकर वे दोनों मजदूर वापस आकर अपने साथियों को ढूँढ़ने में लग गए थे। धुँधलका भी कुछ कम होने लगा था। मुख्य मार्ग रायपुर रोड पर भी कुछ लोग आने-जाने लगे थे। चहल-पहल बढ़ने लगी थी। चाय की दुकानों पर भी कुछ हलचल शुरू हो गई थी। मजदूरों की चीख-पुकार से आने-जानेवालों का ध्यान उनकी

ओर गया तो लोग मदद के लिए दौड़े।

लोगों की मदद से मिट्टी में दबे मजदूरों को बाहर निकाला गया। ग्यारह मजदूर मर चुके थे, बाकी बुरी तरह जख्मी थे। आसपास के लोगों ने घायलों को अस्पताल भेजने का इन्तजाम किया था। इस काम में पुलिस की निष्क्रियता साफ दिखाई दे रही थी। जो मर चुके थे, उन्हें उनके ही कपड़ों में लपेटकर सड़क पर लिटा दिया गया था। जैसे सड़क पर आवारा जानवरों को फेंक दिया जाता है। यह एक बड़ा हादसा था, जिसे इसी रूप में लिया जाना चाहिए था। उस वक्त वहाँ न निर्माण कम्पनी का कोई जिम्मेदार व्यक्ति था, न ठेकेदार। पुलिस का रवैया जितना नकारात्मक था, उससे कहीं ज्यादा ठेकेदार, रायपुर ग्राम प्रधान, ऑर्डनेंस फैक्टरी में कार्यरत मजदूर संगठनों के नेताओं का था। उन गरीब मजदूरों की चिन्ता करनेवाला वहाँ कोई नहीं था। राह चलते लोग देखते, अफसोस जताते और अपने काम पर चले जाते। ग्यारह मजदूरों की लावारिस लाशें सड़क पर पड़ी किसी के भीतर कोई अहसास नहीं जगा पा रही थीं। सुबह का वक्त था, लोग देखते और अपनी-अपनी ड्यूटी पर चले जाते।

मैं उस रोज हमेशा की तरह ऑफिस जाने के लिए अपने नियत समय पर ही घर से निकला था, जैसे ही लाड़पुर की चढ़ाई से मेरा स्कूटर आगे बढ़ा, लोगों की भीड़ देखकर क्षण भर के लिए मैं भी रुक गया था। जब मैंने पूछा कि क्या हुआ है तो पता चला कि छात्रावास बनानेवाले ग्यारह मजदूर मिट्टी में दबकर मर गए हैं। मैंने अपना स्कूटर उस तरफ ही मोड़ लिया था। वहाँ का दृश्य दिल दहला देनेवाला था। मैंने पुलिस चौकी में जाकर पूछताछ की लेकिन वहाँ निस्पृह मुद्रा में बैठे दोनों सिपाहियों पर कोई असर नहीं हुआ था। वे आराम से बैठकर बीड़ी पी रहे थे। मैंने जब उनसे कहा, ''पुलिस चौकी के पास ग्यारह लाशें पड़ी हैं और आप लोग इतने निरपेक्ष भाव से बैठकर बीड़ी पी रहे हैं, कुछ करते क्यों नहीं?''

''इंस्पेक्टर साहब आएँगे तभी पंचनामा होगा, उसी के बाद कोई

कार्रवाई हो पाएगी...इससे ज्यादा हम क्या कर सकते हैं? यह जो भी हुआ है, प्राकृतिक आपदा से हुआ है, जिस पर किसी का जोर नहीं।'' सिपाही ने खीसें निपोरते हुए कहा।

''ठेकेदार और कम्पनी के दूसरे लोग कहाँ हैं? कम से कम उनका तो पता कर सकते हैं। मजदूरों की सुरक्षा की जिम्मेदारी उनकी बनती है या नहीं?'' मैंने उनसे सवाल किया।

''देखिए श्रीमान्! आप कौन हैं, हमें नहीं पता लेकिन साफ-साफ सुन लीजिए, हम एक सिस्टम के तहत काम करते हैं। जब तक ऊपर से आदेश नहीं आएगा तब तक हम अपनी जगह से हिलेंगे भी नहीं...आप जा सकते हैं।'' उन्होंने अपनी पूरी दुष्टता के साथ कहा।

उस वक्त मुझे गुस्सा तो बहुत आया था लेकिन उनसे भिड़ना ठीक नहीं लगा था।

मैंने उनसे थोड़ी विनम्रता दिखाते हुए कहा, ''भले लोगो! लाश धूप में पड़ी हैं, थोड़ी देर में उनसे बदबू आने लगेगी, कम से कम उन्हें छाया में तो करा दो। उन पर कोई कपड़ा डलवाने की व्यवस्था करा दो। इतना तो इनसानियत के नाते भी कर ही सकते हो। अभी वहाँ भीड़ जमा है। कुछ लोग तो मदद के लिए आगे आ ही जाएँगे।''

उन दोनों ने एक-दूसरे की ओर देखा और उठकर अपने-अपने डंडे हिलाते हुए उन लाशों की ओर चल दिए। पुलिस को आते देखकर लोग वहाँ से खिसकने लगे थे। साथ ही लोगों में एक अजीब तरह की खुसुर-फुसुर भी होने लगी थी। वहाँ खड़े लोगों में ऑर्डनेंस फैक्टरी के कर्मचारियों की संख्या ज्यादा थी।

पुलिसवालों को वहाँ पहुँचाकर मैं अपने ऑफिस आ गया था। फैक्टरी में आकर मैंने मजदूर संगठनों के नेताओं से मिलकर बात करने की कोशिश की थी। सभी से मैंने कहा था कि वहाँ ग्यारह मजदूरों की लाशें पड़ी हैं, पाँच बुरी तरह से घायल होकर अस्पताल में हैं और आप लोग इतनी शान्त मुद्रा में बैठे हैं, जैसे कुछ हुआ ही नहीं। कम से कम उन मजदूरों के लिए कुछ तो करो।

उस वक्त फैक्टरी में दो बड़े संगठन काम कर रहे थे—एम्प्लाइज यूनियन और दूसरा इंटक। एक वामपन्थी विचाराधारा से संचालित था तो दूसरा कांग्रेस समर्थक। उन दोनों का एक ही उत्तर था, "वे हमारे सदस्य नहीं थे, असंगठित मजदूर थे। हम उनके लिए कुछ नहीं कर सकते हैं।"

इस वाक्य ने मेरे बचे-खुचे विश्वास को भी छिन्न-भिन्न कर दिया था।

उन दिनों एम्प्लाइज यूनियन के मुखर्जी और नौटियाल प्रखर नेताओं में गिने जाते थे, जिनका पूरी फैक्टरी में एक अच्छा दबदबा था। उनके मुँह से ऐसे उत्तर की अपेक्षा मैंने नहीं की थी। उनका यह रवैया देखकर मुझे घोर निराशा हुई थी। उसके बाद मैं वहाँ से रायपुर ग्राम प्रधान से मिलने के लिए ऑफिस से बाहर आ गया था। काफी ढूँढ़ने के बाद भी ग्राम प्रधान कहीं भी नहीं मिले थे। मैं दोपहर दो-अढ़ाई बजे तक भटकता रहा लेकिन ऐसा एक भी आदमी मुझे नहीं मिला जो उन मजदूरों के प्रति अपनी किसी भी प्रकार की संवेदना दिखाकर कुछ कर सके। ठेकेदार को ढूँढ़ा, वे भी गायब थे। कंस्ट्रक्शन कम्पनी के मैनेजर, इंजीनियर की तलाश की। सब के सब कहीं बाहर चले गए थे। वहाँ कोई भी उपलब्ध नहीं हुआ था। कुल मिलाकर निराश कर देनेवाली स्थिति थी। आखिर थककर मैंने पुलिस के अधिकारियों से बात की और उन लाशों को पोस्टमार्टम के लिए भिजवाने की कोशिश की थी ताकि वे यहाँ सड़क पर खुले में पड़ी-पड़ी सड़ने न लगें। उनके घर-परिवार के बारे में किसी के पास कोई जानकारी नहीं थी, इसलिए किसी को कोई सूचना भी नहीं दी जा सकती थी। अगले दिन ठेकेदार का एक स्टेटमेंट अखबारों में छपा था कि वे हमारे मजदूर नहीं थे। कैसे यहाँ आए हम नहीं जानते। बारिश और हवा से बचने के लिए इन झोंपड़ियों में आकर कहीं से छिप गए थे। अखबार में छपे इस वक्तव्य का सीधा अर्थ था कि ठेकेदार और कंस्ट्रक्शन कम्पनी कोई भी जिम्मेदारी लेने को तैयार नहीं थी।

यह घटना मेरे विश्वास को तोड़ने के लिए काफी थी। असंगठित मजदूरों का जीवन कितना असुरक्षित है, उनकी चिन्ता करनेवाला कौन है ? क्या वे इसी तरह का जीवन जीने के लिए अभिशप्त हैं ? पूरे समाज को जैसे लकवा मार गया था। असंगठित मजदूरों का जीवन कुत्ते-बिल्लियों से भी गया-गुजरा है, यह सोच-सोचकर मेरे दिमाग की नसें फटने को थीं।

इस घटना से मेरा अन्तर्मन आहत हुआ था। कई रात मैं ठीक से सो नहीं पाया था। ऑफिस के काम में भी मन नहीं लग रहा था। बार-बार उन मजदूरों की लाशें आँखों के सामने आ जाती थीं, जिन्हें मैं भूल नहीं पा रहा था। मेरे लिए यह मात्र एक प्राकृतिक आपदा भर नहीं थी।

मैंने अपने स्तर पर अनेक लोगों से सम्पर्क करने की कोशिश की थी ताकि उन मजदूरों को न्याय मिल सके लेकिन किसी के पास इस विषय में सोचने का वक्त ही नहीं था। जहाँ भी जाता सिवाय नैराश्य के और कुछ भी हाथ नहीं आता था। एक वकील से भी बात की थी। उसने साफ मना कर दिया था कि मैं इस केस में हाथ नहीं डाल सकता। बेहतर होगा आप भी इसे भूल जाओ। कंस्ट्रक्शन कम्पनी से टकराना इतना आसान नहीं होगा, जितना आप समझ रहे हैं।

इसी कशमकश में उस घटना पर मैंने 'मौत का तांडव' शीर्षक से एक कविता लिखी थी—

शब्द हो जाएँ जब गूँगे
और भाषा भी हो जाए अपाहिज
समझ लो
कहीं किसी मजदूर का
लहू बहा है

धूप से नहाकर
जब चाँदनी
करने लगे

अठखेलियाँ
धुएँ के बादलों से
समझ लो
अँधेरों ने उजालों को ठगा है

दर्द के रिश्ते
जब नम होने लगें
और गीत रचने लगेंगी
सन्नाटों की हवाएँ
समझ लो
आदमी का लहू
कहीं सस्ते में बिका है

धरती की गोद में
ओढ़कर चादर आकाश को
सो गए मजदूर सभी
थक-हारकर
बजता रहा
बेरहम मौसम का नगाड़ा
रात भर
बर्फीली हवाओं की लय-ताल पर

मौन खड़ा पर्वत
देख रहा था चुपचाप
मौत का तांडव
जो मिट्टी का सैलाब बन
टूट पड़ा गहरी नींद में सोए मजदूरों पर
घुट-घुट कर

जिस्म ठंडे पड़ गए
सर्द रात के सन्नाटों में

चिथड़ों में लिपटी लाशें
खामोशी से चीख रही थीं
ढूँढ़ रही थीं
उन आँखों को
जिनके इशारों पर
करते थे निर्माण अबाध गति से
नित नई सम्भावनाओं का

पूछ रही थी
पर्वतमालाओं से
अधबनी दीवारों से
असंख्य सवाल

शब्द हुए बोझिल
और भाषा भी हो गई अपाहिज
हाथों में
पैरों में पहना दी हों जैसे
जंजीरें भारी

प्रश्नों के चक्रव्यूह में फँसे
पूछ रहे थे सभी
कल मरे वे
अब किसकी है
बारी ?...
अब किसकी है
बारी ?

(7 जनवरी, 1986)

कविता लिखकर भी मेरा मन शान्त नहीं था। बार-बार लगता था जैसे पूरे शहर को साँप सूँघ गया है। एक अजीब तरह का माहौल बना हुआ था। कहीं कोई हलचल नहीं। किसी जमाने में इस शहर को रिटायर्ड लोगों का शहर कहा जाता था, जो सरकारी नौकरी पूरी करके यहाँ घर बनाकर आराम की जिन्दगी व्यतीत करने आते थे। मुझे लगने लगा था, यह शहर जो अपनी प्राकृतिक सुन्दरता के लिए जाना जाता है, इतना कुरूप होगा, जो मजदूरों की लाशें देखकर भी द्रवित नहीं हुआ।

26 जनवरी, 1986 गणतंत्र दिवस की पूर्व सन्ध्या यानी 25 जनवरी, 1986 को ऑर्डनेंस फैक्टरी, देहरादून के परिसर में एक कवि सम्मेलन का भव्य आयोजन किया गया था। फैक्टरी प्रशासन भवन के सामने काफी बड़ा लॉन है, जिसमें यह कवि सम्मेलन हुआ था। कई जाने-माने कवियों को बाहर से आमंत्रित किया गया था। मुझे भी इस कवि सम्मेलन में कविता पढ़ने का अवसर मिला था। उस वक्त तक फैक्टरी में बहुत कम लोग ही जान पाए थे कि मैं एक कवि हूँ क्योंकि इस फैक्टरी में आए अभी मुझे सिर्फ छह महीने ही हुए थे। मदन शर्मा जी मेरे पूर्व परिचित थे, उन्हें अच्छी तरह पता था कि मैं कविता लिखता हूँ। उन्हीं के कहने पर आयोजकों ने मुझे कवियों की सूची में शामिल किया था।

कवि सम्मेलन चूँकि ड्यूटी के समय रखा गया था इसलिए फैक्टरी के तमाम कर्मचारी, स्टाफ, अधिकारी श्रोता के रूप में वहाँ मौजूद थे। जब मेरी बारी आई तो मैंने बही कविता वहाँ सुनाई, जो मजदूरों की लाशों को देखकर लिखी गई थी। जिसे सुनकर मजदूरों, कर्मचारियों में एक अजीब तरह की सुगबुगाहट दिखाई दी। और उन सभी ने कविता की समाप्ति पर खड़े होकर तालियों से मेरा उत्साह बढ़ाया था। मेरे लिए यह किसी उपलब्धि से कम नहीं था क्योंकि मेरे सरोकार सिर्फ मेरे नहीं रह गए थे, वहाँ मौजूद हजारों लोगों के साथ जुड़ गए थे। जिस तकलीफ से गत दिनों मैं अकेला जूझ रहा था, वहाँ मुझे हजारों लोग खड़े दिखाई

दिए थे। यह अनुभव सचमुच मेरे लिए गहरे आत्मविश्वास को बढ़ानेवाला था। यह अनुभव संगठनों के नेताओं से अलग एक प्रतिक्रिया के रूप में मुझे मिला था लेकिन अधिकारी खेमे में एक अजीब तरह की खामोशी थी।

कवि सम्मेलन की समाप्ति पर महाप्रबन्धक राममूर्ति ने मेरे पास आकर मुझे बधाई दी थी। उन्हें कविता पसन्द आई थी। मेरे अधिकारी पद्मनाभन ने भी मेरा उत्साह बढ़ाते हुए कहा था, ''वाल्मीकि! आपने कभी जिक्र भी नहीं किया कि तुम कवि हो, सचमुच मुझे खुशी हो रही है कि आप मेरे साथ काम करते हो। मेरे लिए यह गर्व की बात है। आपकी यह कविता मनुष्यता के पक्ष की कविता है। सचमुच आज मेरे मन में तुम्हारे लिए और ज्यादा सम्मान पैदा हुआ है, बधाई...!'' कहते हुए उन्होंने मुझे गले से लगाया था। इस कवि सम्मेलन ने फैक्टरी में मेरी एक पहचान स्थापित कर दी थी। अब मैं यहाँ अजनबी नहीं था, न ही एक एस.सी. जो अपने नाम के साथ 'वाल्मीकि' लिखता है। इस कविता ने मुझे एक पहचान दी थी और सरनेम की संकीर्ण सोच से बाहर निकलकर लोगों का मेरे साथ व्यवहार बदल गया था। उनकी मानसिकता में बदलाव के संकेत दिखाई दिए थे। उस वक्त इस एहसास ने मुझे ताकत दी थी और मेरा विश्वास फिर एक बार मजबूत हुआ था कि अभी सब कुछ खत्म नहीं हुआ है, उम्मीद अभी बाकी है।

फैक्टरी में एक और अधिकारी थे—पी.सी. ठाकुर। ऊँचे-लम्बे, रोब-दाब वाले अधिकारी थे। जब फैक्टरी में राउंड पर निकलते थे तो साथ में तीन-चार चमचे जरूर होते थे, जी-हुजूरी करने के लिए। कवि सम्मेलन के दो-तीन दिन बाद अचानक फैक्टरी परिसर में रास्ते में मिल गए। साथ में उनके दो चमचे भी थे। मुझे देखते ही बोले, ''सुनो! उस रोज कवि सम्मेलन में तुमने ही मजदूरों पर कविता सुनाई थी?'' उसने भारी-भरकम आवाज में पूछा।

''जी, मैंने ही सुनाई थी।'' मैंने सहजता से उत्तर दिया।

''एक अधिकारी होकर, वह भी डिफेंस का, ऐसी कविताएँ लिखते

हो? अगर मजदूर भड़क जाते तो?''

उन्होंने अपनी भारी-भरकम आवाज और रुतबे का भरपूर इस्तेमाल करते हुए मुझे डराने की कोशिश की। पल भर को तो मैं सकपका गया था क्योंकि यह सवाल एक वरिष्ठ अधिकारी ने फैक्टरी परिसर में उठाया था। अनुशासन का मामला था लेकिन अगले ही पल मेरे भीतर बैठे दलित लेखक ने हुंकार भरी। डरना मत, ये तो सब कागजी शेर हैं और मैं सावधान हो गया था। मैंने अपने एक-एक शब्द पर जोर देकर कहा, ''सर! आप चिन्ता न करें, यहाँ जितने मजदूर हैं, वे सब आप लोगों से इतने ज्यादा आतंकित हैं कि कहीं कुछ भी नहीं हो सकता, आप निश्चिन्त रहें, जो लोग लाशें देखकर भी चुप रहे, वे भला मेरी कविता सुनकर क्या भड़केंगे!''

मेरी बात सुनकर वे एकदम आपे से बाहर हो गए। जोर से दहाड़े, ''बहुत बोलते हो, अपनी जबान पर काबू रखो, वरना पछताओगे।''

''ठीक है सर! आगे से मेरी भी यही कोशिश रहेगी कि मैं भी जिन्दा लाश ही बन जाऊँ...'' कहते हुए मैं आगे बढ़ गया था।

लेकिन वह मुझे काफी देर तक घूरकर देखता रहा। मेरी पीठ पर उसकी तेज नजरें खंजर की नोक की तरह चुभ रही थीं लेकिन उस वक्त मुझे उससे किसी भी तरह का डर नहीं लगा था।

यह वार्तालाप पूरी फैक्टरी में चर्चा का विषय बन गया था। उसके ही चमचों ने रस ले-लेकर लोगों तक यह बात पहुँचाई थी। लोग रोक-रोककर मुझसे इस घटना पर बात कर रहे थे। कई लोगों ने समझाने की भी कोशिश की थी। पी.सी. ठाकुर से पंगा मत लेना, बहुत सख्त अफसर है, कहीं न कहीं खुन्नस निकालेगा। लेकिन ऐसा कुछ नहीं हुआ था। हाँ, जब किसी कार्यालयीन मीटिंग में आमना-सामना होता था तो उनकी खा जानेवाली नजरें मुझे घूरती रहती थीं लेकिन कहते कुछ नहीं थे। आम लोगों से मुझे इस उद्दंडता के लिए समर्थन ही मिला था।

प्रारम्भ से ही मेरे जीवन का महत्त्वपूर्ण समय मजदूरों और दलितों के बीच ही गुजरा है। उनके सुख-दुख और उनकी जद्दोजहद को बहुत पास से देखा है इसलिए उनके सरोकारों से मेरा गहरा रिश्ता भी बना और उनके हितों के साथ खुद को जुड़ा हुआ महसूस करता रहा हूँ। नौकरी में ग्रुप-ए अधिकारी बनने के बाद भी मैंने अपना निवास इन्हीं लोगों के बीच रखा जबकि मुझे लगातार अधिकारियों की आवासीय कॉलोनी में मकान देने की पेशकश होती रही लेकिन मैं वहाँ नहीं गया। कई मित्र इसे मेरी कमजोरी कहकर मेरे ऊपर तरह-तरह के आरोप भी लगाते रहे लेकिन मैंने ऐसी किसी भी बात की परवाह किए बगैर अपना रास्ता नहीं छोड़ा।

मजदूरों के बीच जाति है, एक बड़े घटक के रूप में, जो अपना असर रखती है। ऐसी ही एक घटना ऑर्डनेंस फैक्टरी में हो गई थी। दो मजदूरों में अपने कार्यस्थल पर ही किसी बात को लेकर हाथापाई हो गई थी। उस वक्त तो आसपास कार्यरत मजदूर साथियों ने उन्हें अलग कर दिया था तथा समझा-बुझाकर मामला रफा-दफा भी होता दिख रहा था लेकिन कुछ ऐसे भी लोग थे जिन्होंने दोनों को भड़काकर एक-दूसरे के खिलाफ रिपोर्ट कराई थी। उस समय ऑर्डनेंस फैक्टरी के महाप्रबन्धक राममूर्ति जी थे। उन्होंने एक अन्य अधिकारी रमेश कुमार ढींगरा को प्राथमिक इंक्वायरी करके अपनी रिपोर्ट प्रस्तुत करने के लिए कहा ताकि सच्चाई का पता चल सके और आगे की कार्रवाई की जा सके। श्री ढींगरा ने दोनों को अलग-अलग बुलाकर तहकीकात की थी लेकिन जब रिपोर्ट तैयार की तो उसमें एक दलित था जिसे स्पष्ट तौर पर एस.सी. कहकर उसके व्यवहार पर प्रश्नचिह्न लगाए गए थे। उसे झगड़ालू सिद्ध किया गया था और तथ्यों को तोड़ा-मरोड़ा गया था। यह एक ऐसी मानसिकता को दर्शाता था जो दलितों के प्रति समाज में व्याप्त है और प्रत्येक दलित को इससे जूझना पड़ता है। एक पढ़ा-लिखा

अधिकारी भी इससे मुक्त नहीं रह पाता है। यह एक कटु सच्चाई है। महाप्रबन्धक राममूर्ति ने दोनों को चेतावनी देकर छोड़ दिया था। साथ ही यह भी कहा था कि यदि ये भविष्य में किसी से भी झगड़ा करते हैं तो इनके खिलाफ कठोर कार्रवाई की जाएगी।

कुछ समय बाद ढींगरा जी ने मुझसे कहा, "वाल्मीकि जी! आपको पढ़ने-लिखने में रुचि है, जानकर खुशी हुई। कोई अच्छी किताब बताइए जो मुझे पढ़नी चाहिए।"

मैंने उस वक्त उन्हें यशपाल जी का 'झूठा सच' उपन्यास पढ़ने की सलाह दी। जिसे पढ़कर वे बेहद दुखी लग रहे थे। भारत विभाजन की इस त्रासदी को उन्होंने शिद्दत से महसूस किया था और पंजाबी जीवन की इस दुखद घटना से आहत हुए थे। दो-चार मुलाकातों के बाद हमारे बीच संवाद बनने लगा था। हम लम्बी-लम्बी बहसें करने लगे थे। जब भी अवसर मिलता हम लोग समय निकालकर चर्चा करते थे। इस बीच मैंने उन्हें कुछ विदेशी साहित्य भी पढ़ने की सलाह दी थी। दलितों के बारे में उनकी सोच और मानसिकता में बदलाव आने लगा था। उन्होंने इस बात को स्वीकार किया था कि वे पारिवारिक संस्कारों के कारण दलितों के प्रति पूर्वग्रही थे। बाद में वे सरकारी नौकरी छोड़कर विदेश चले गए थे लेकिन जब भी भारत आते तो समय निकालकर मुझसे बिना मिले नहीं जाते थे।

जनवरी, 1987 में मैंने एक लघु नाटक लिखा था—'दो चेहरे', जो मजदूरों और मजदूर संगठनों के आपसी रिश्तों और अन्तर्द्वन्द्वों को केन्द्रित करके लिखा गया था। मजदूरों की समस्याओं को लेकर मुझे हमेशा अपने वरिष्ठ अधिकारियों का कोप-भाजन भी बनना पड़ता था। इसी तरह मजदूर नेता भी मुझसे नाखुश ही रहते थे। दोनों का रवैया मुझे नकारात्मक ही लगता था क्योंकि प्रशासनिक मामलों में भी जहाँ अधिकारी किसी भी मजदूर या कर्मचारी की जाति देखने के अभ्यस्त थे, वहीं संगठनों के नेता भी इस मामले में अपनी संकीर्णता छिपा नहीं पाते थे।

'दो चेहरे' की रचना-प्रक्रिया में ये तमाम चीजें थीं। नाटक लिखने

के बाद मैंने इसका पहला पाठ मजदूरों के बीच किया था, जिसे सुनकर वे सभी खामोश हो गए थे। उन्हें इस नाटक की कथावस्तु में अपनी आवाज सुनाई दी थी। उन दिनों ऑर्डनेंस फैक्टरी में एक अमेच्योर थिएटर ग्रुप मौजूद था, जो बीच-बीच में कुछ खास अवसरों पर नाटक, सांस्कृतिक कार्यक्रम आदि करता रहता था। सभी की राय थी कि इस नाटक का एक पाठ ऑर्डनेंस फैक्टरी थिएटर ग्रुप के सदस्यों के साथ किया जाए और यदि उनको यह ठीक लगता है तो इसका मंचन करने की भी योजना बनाई जाए।

दूसरा पाठ जल्दी ही रखा गया। थिएटर ग्रुप के सदस्यों में से अधिकतर को यह स्क्रिप्ट पसन्द आई थी। वे इसका मंचन करने के लिए तैयार हो गए थे लेकिन एक-दो लोग दबी जबान से विरोध भी कर रहे थे। उनका कहना था कि यहाँ के संगठन इसे देखकर नाराज हो सकते हैं इसलिए वे इसमें शामिल होने में आनाकानी भी कर रहे थे। अधिकतर सदस्यों की राय इसके पक्ष में थी इसलिए नाटक की रिहर्सल शुरू करने की योजना बनाई जाने लगी। उससे पहले निर्देशक, अभिनेताओं का चयन करना जरूरी था ताकि रिहर्सल सुव्यवस्थित ढंग से शुरू हो।

दस-पन्द्रह दिन के पूर्वाभ्यास में ही नाटक खुलने लगा था। नाटक के एक हिस्से में कारखाने के मजदूर थे तो दूसरी ओर ग्रामीण परिवेश के खेतिहर मजदूर, जिनकी अपनी समस्याएँ थीं। पात्रों का चयन भी उसी तरह किया गया था। लगभग एक माह की रिहर्सल के बाद नाटक मंचन करने की स्थिति में आ गया था। सभी साथियों की राय थी कि नाटक के पहले मंचन पर होनेवाले व्यय के बारे में महाप्रबन्धक से बात की जाए ताकि कुछ आर्थिक मदद मिल सके। थिएटर ग्रुप के दो पदाधिकारियों के साथ मैं स्वयं भी महाप्रबन्धक से मिलने गया था। जब उन्हें बताया गया कि नाटक की कथावस्तु मजदूरों के संघर्ष पर आधारित है तो उन्होंने सारा खर्च कल्याण कोष से देने की सहमति दी थी। जब हमने उनसे कहा कि इस नाटक का पहला मंचन देहरादून के टाउन हॉल में किया जाना तय हुआ है और आपको उस समय मुख्य अतिथि

के रूप में आना है तो वे तैयार हो गए थे लेकिन उनका यह भी प्रस्ताव था, एक शो फैक्टरी आवासीय कॉलोनी में भी किया जाए ताकि यहाँ के लोग भी आ सकें, जिसे सभी ने मान लिया था।

नाटक का पहला मंचन देहरादून के दर्शकों से खचाखच भरे टाउन हॉल में दिनांक 3 मार्च, 1987 को हुआ था। इस प्रस्तुति के समय ऑर्डनेंस फैक्टरी के महाप्रबन्धक, अधिकारी, स्टाफ, कर्मचारी मौजूद थे। देहरादून के रंगकर्मी भी इस नाटक को देखने आए थे। नाटक की यह प्रस्तुति उत्साहवर्धक रही थी। नाटक सफल रहा था। नाटक के बाद महाप्रबन्धक राममूर्ति ने ऑर्डनेंस फैक्टरी परिसर में इसका मंचन करने की बात फिर से दोहराई थी, जिसे सभी ने स्वीकार कर लिया था तथा हमने उसी दिन तारीख की घोषणा भी कर दी थी। महाप्रबन्धक ने उस शो पर आनेवाले सारे खर्च को फैक्टरी कार्यसमिति से दिलाने का आश्वासन भी दिया था, जिसका सभी ने स्वागत किया था।

लेकिन जैसे-जैसे तारीख निकट आ रही थी, मजदूर संगठनों की ओर से इसे रुकवाने की कोशिशें भी शुरू हो गई थीं। मजदूर नेताओं से काफी बातचीत हुई, उन्हें नाटक की थीम समझाने की भी कोशिश की गई लेकिन वे जिद पर अड़ गए थे। उनका मानना था कि यह नाटक मजदूर संगठनों के खिलाफ है जबकि हमारा यह कहना था कि यह सिर्फ छद्म नेतृत्व के खिलाफ है। ऐसे नेताओं के जो मजदूरों के किसी भी आन्दोलन को कमजोर करते हैं लेकिन संगठनों के नेता कोई भी तर्क सुनने को तैयार नहीं थे। हमारे अभिनेता भी इस शो को करने की जिद पर अड़ गए थे। आखिरी समय में नेताओं के दबाव में आकर कार्यसमिति ने आर्थिक मदद देने से साफ मना कर दिया था। महाप्रबन्धक से मुलाकात करने के बाद भी कोई रास्ता नहीं निकल रहा था। अभिनेताओं की भावनाओं को देखते हुए तारीख आगे बढ़ाई गई लेकिन नेताओं ने उन अभिनेताओं को तोड़ना शुरू कर दिया जो उनके संगठनों के सदस्य थे। जैसे-जैसे नाटक की तारीख नजदीक आ रही थी, समस्याएँ बढ़ने लगी थीं। नाटक के मंचन से ठीक दो दिन पहले तीन-चार अभिनेताओं ने

पूर्वाभ्यास में आना बन्द कर दिया था। नए अभिनेताओं को लेकर तैयारी करना आसान नहीं था इसलिए नाटक का मंचन रोक देना पड़ा।

उसी बीच देहरादून की 'अभिनव नाट्य-संस्था' ने मुझसे इस नाटक की स्क्रिप्ट माँगी। उन्होंने बहुत ही कम समय में नाटक तैयार कर लिया था, जिसका मंचन राजा राममोहन राय अकादमी में किया गया था। यह मंचन भी सफल रहा था। नाटक की चर्चा फिर से शुरू हो गई थी। समाचार-पत्रों में नाटक की अच्छी कवरेज थी। इसी बीच फरीदाबाद की एक संस्था ने भी इस नाटक को करने की इच्छा जाहिर की थी। उस संस्था ने अलग-अलग जगहों पर इसकी अनेक प्रस्तुतियाँ की थीं।

देहरादून आने के बाद इस नाटक से मेरी नाट्य गतिविधियाँ शुरू हो गई थीं। इसी बीच 'वातायन' देहरादून ने राष्ट्रीय नाट्य विद्यालय, नई दिल्ली से प्रशिक्षित सईद खान के निर्देशन में एक नाट्य कार्यशाला का आयोजन किया था। मैं भी उसमें शामिल था और 'वातायन' का एक सक्रिय सदस्य बन गया था। इस वर्कशॉप में रिहर्सल के दौरान ही इम्प्रोवाइजेशन के तहत नाट्य आलेख भी तैयार होना था जिसके लिए अवधेश कुमार एक लेखक के तौर पर इस कार्यशाला में शामिल थे। कार्यशाला लगभग तीन महीने चली थी। उन्हीं दिनों राजस्थान में घटित चर्चित रूपकुँवर सती कांड पर इस नाटक की परिकल्पना करके 'कोयला भई न राख' का नाट्य-आलेख तैयार किया गया था। इसमें मैंने दो भूमिकाएँ की थीं—एक थी नेता की तथा दूसरी एक शिक्षक की। इस नाटक में लगभग तीस अभिनेता थे। 25 प्रस्तुतियाँ इस नाटक की हुई थीं।

उत्तर प्रदेश सरकार की ओर से बनारस में एक नाट्य महोत्सव नागरी प्रचारिणी सभागार में सम्पन्न हुआ था, जिसमें 'कोयला भई न राख' की प्रस्तुति को पसन्द किया गया था। बनारस के समाचार-पत्रों ने मेरे अभिनय की प्रशंसा की थी।

'वातायन' की अगली प्रस्तुति में भी मुझे मुख्य भूमिका दी गई

थी, जिसमें मैंने एक 65-70 वर्ष के वृद्ध व्यक्ति के पारिवारिक जीवन के विविध आयामों को प्रस्तुत किया था, जिसके निर्देशक थे 'दादा' नाम से प्रख्यात अशोक चक्रवर्ती। लेकिन देहरादून में मेरी यह सक्रियता ज्यादा लम्बी नहीं चल पाई थी। मेरे सास-ससुर उम्र के उस पड़ाव में आ चुके थे जहाँ उनकी देखभाल करना मेरे लिए जरूरी हो गया था। मैंने उन्हें अपने साथ रखने की बहुत कोशिश की थी लेकिन वे अपनी जगह छोड़ने को बिलकुल तैयार नहीं थे। अन्त में यही निर्णय लिया कि मैं अपनी गतिविधियों को कुछ कम करके उन्हें ज्यादा से ज्यादा समय दूँ। सुबह ऑफिस जाने से पहले उनके लिए चाय-नाश्ता और दोपहर का खाना लेकर जाता था। वे न्यू रोड पर कलालोंवाली गली में रहते थे और हम लोग करनपुर में। लगभग दो किलोमीटर का फासला था। शाम को ऑफ़िस से लौटते ही उनके लिए रात का खाना लेकर जाता था। कुछ देर उनके पास रहता था। वापस घर पहुँचते-पहुँचते आठ-साढ़े आठ बज जाते थे। देहरादून में नाटकों की रिहर्सल का समय था शाम पाँच बजे से नौ बजे के बीच, यानी मेरे वहाँ पहुँचने से पहले ही सब लोग अपने-अपने घर जाने के मूड में होते थे। यदि यह एक-आध दिन की बात होती तो भी चल जाता लेकिन यह तो रोज का काम था। एक रूटीन बनाना पड़ता है तभी थिएटर का अनुशासन भी बनता है इसलिए यही तय हुआ कि थिएटर से खुद को दूर कर लिया जाए और इस तरह मेरी थिएटर की गतिविधियाँ समाप्त हो गई थीं। यह वही दौर था जब मेरी कहानियाँ 'हंस' में छपना शुरू हो गई थीं।

छुट्टियों के दिन, मैं और चन्दा दलित बस्तियों में बिताना पसन्द करते थे। कभी इन्द्रेश नगर तो कभी पथरिया पीर, छबील बाग तो कभी डी.एल. रोड, चन्दर नगर आदि में हम अकसर जाते रहते थे। इन्दिरा कॉलोनी में हरीश वाल्मीकि के साथ मिलकर हमने बस्ती-बस्ती डॉ. अम्बेडकर की विचारधारा का प्रचार-प्रसार करना भी शुरू किया था, जिसमें हमें काफी सफलता मिली थी। युवा वर्ग हमारे साथ जुड़ रहा था। 6 दिसम्बर को (बाबा साहेब का निर्वाण दिवस) स्कूटर रैली

का सफल आयोजन कर चुके थे। एक बस्ती से दूसरी बस्ती यह रैली जाती थी। सुबह 6 बजे से शुरू करके यह रैली 9 बजे खत्म होती थी। हरेक बस्ती में एक आम सभा रखी जाती थी, जिसमें बाबा साहेब के बारे में लोगों को बताया जाता था। साथ ही उनके अपने अधिकारों और जिम्मेदारियों से भी उन्हें अवगत कराते थे। रात में टाउन हॉल, देहरादून में एक सभा रखी जाती थी, जिसमें विद्वानों के विचार रखे जाते थे। यह सिलसिला काफी वर्षों तक चला था, जिसने दलितों में एक नई सुगबुगाहट पैदा की थी। इस कार्य में हमारे साथ अनेक कॉलेज छात्र, ओ.एन.जी.सी. के आनन्द कुमार शामिल थे।

काफी समय से अपने कविता-संग्रह के प्रकाशन की जुगत में लगा था लेकिन जहाँ भी गया निराशा ही हाथ लगी। इन कविताओं के विषय को लेकर ही प्रकाशक आशंकित थे। देहरादून के मित्रों का आग्रह था कि यह सही समय है, कम से कम एक संग्रह तो आ ही जाना चाहिए लेकिन जब कहीं भी कोई बात नहीं बनी तो यही तय किया कि अपने खर्च से इसे छापा जाए। मेरे मित्र विजय गौड़ ने पहल की और 'युगवाणी प्रेस' से बात की। संजय कोठियाल उन दिनों युगवाणी प्रेस चला रहे थे। बहुत पुरानी प्रेस थी। 'युगवाणी' नाम से एक पत्रिका भी वहाँ से निकलती थी। विजय गौड़ ने उनसे बात की तो वे इस बात पर सहमत हो गए कि जो भी खर्च आएगा बस वही दे देना, उसके अलावा एक भी पैसा हम नहीं लेंगे और पांडुलिपि उनके हवाले कर दी थी। बाकी सारी जिम्मेदारी विजय गौड़ ने अपने ऊपर ले ली थी। पुस्तक का मुखपृष्ठ रतिनाथ योगेश्वर ने डिजाइन कर दिया था। इस संग्रह में मात्र उन्नीस कविताएँ रखी गई थीं। पुस्तक का नाम—'सदियों का सन्ताप' था। मैं हर रोज जाकर पुस्तक की प्रगति देख लेता था। काम काफी सन्तोषजनक ढंग से चल रहा था।

यह घटना फरवरी 1989 की है। मदन शर्मा जी से जब मैंने इस कविता-संग्रह के प्रकाशन की चर्चा की तो वे कहने लगे, "पुस्तक छपने देने से पूर्व आपने महाप्रबन्धक से अनुमति ली है?"

मैंने कहा, "नहीं।"

उनका कहना था कि अनुमति लेना जरूरी है, वरना प्रशासन किसी भी समय आपके खिलाफ अनुशासनात्मक कार्रवाई कर सकता है।

मैंने रूल्स और नियमों की पड़ताल करने की कोशिश की लेकिन उसमें साफ लिखा था कि साहित्य, कला और विज्ञान सम्बन्धी पुस्तक प्रकाशन या कार्य करने के लिए अनुमति की जरूरत नहीं है लेकिन मदन शर्मा जी का कहना था—अनुमति ले लो, बाद में कोई बात हो जाए तो दिक्कत आ सकती है क्योंकि उन दिनों तक ऑर्डनेंस फैक्टरी में लेखकों, कलाकारों आदि को बहुत अच्छी दृष्टि से नहीं देखा जाता था। अधिकारियों में बहुत कम लोग थे जो लेखन को गर्म्भीरता से लेते थे। ऐसे लोगों के प्रति अधिकारियों का रवैया नकारात्मक ही था। ज्यादातर अधिकारी ऐसे लोगों को अच्छी दृष्टि से नहीं देखते थे, स्थितियाँ प्रतिकूल थीं।

मदन शर्मा जी की बात मानकर मैंने पुस्तक प्रकाशन की अनुमति के लिए आवेदन कर दिया था। महीने भर तक मुझे उस आवेदन का कोई उत्तर जब नहीं मिला तो मैंने प्रकाशन अनुभाग के प्रभारी जे.एन. सिंह से कहा, "मिस्टर सिंह! मैंने पुस्तक प्रकाशन के लिए अनुमति माँगी थी, जिसका मुझे अभी तक कोई भी उत्तर नहीं मिला है, क्या यह मान लिया जाए कि अनुमति है क्योंकि मेरे आवेदन को ठीक एक महीना हो गया है।"

जे.एन. सिंह मेरी बात सुनकर हड़बड़ा गए थे। कहने लगे, "मैं देखता हूँ कि आपका आवेदन इस समय कहाँ है, मैं आपको बताता हूँ।"

मैं वापस आ गया था। लगभग आधे घंटे बाद सिंह ने मुझे फोन किया, "आपने अपने आवेदन के साथ कविताओं की कॉपी नहीं लगाई है इसलिए आवेदन पर अभी तक कोई कार्रवाई नहीं हुई है, आप कविताओं की कॉपी भेज दें तो हम इसे आगे बढ़ा देंगे।" सिंह ने प्रशासनीय ढंग से बात की।

"यह बात कहने में आपको एक महीना लग गया, वह भी मेरे

याद दिलाने पर। मिस्टर सिंह! मेरे आवेदन को आगे बढ़ाइए, कविताओं की पांडुलिपि मैं नहीं दूँगा।'' मैंने जोर देकर कहा।

''लेकिन बिना कविताओं की कॉपी देखे, यह कैसे पता चलेगा कि आप क्या छपवा रहे हैं।'' उसने प्रशासनिक शब्दावली का प्रयोग किया।

''अगर मैंने कविताओं की पांडुलिपि आपको दे भी दी तो उसे आप किसे दिखाएँगे?'' मैंने पूछा।

''क्यों? हम देखेंगे।'' उसने ऐंठ दिखाई।

''आप?'' मैंने सवाल किया।

''क्यों, इतना आश्चर्य क्यों? क्या हम उन कविताओं को देखकर उनका मूल्यांकन नहीं कर सकते?'' सिंह ने तीखा सवाल किया।

''मिस्टर सिंह! बेहतर होगा इस मुद्दे पर हम बहस न करें, जो भी आपको लिखकर देना है, वह दे दीजिए, मुझे मेरे आवेदन का उत्तर चाहिए। आप महीने भर से चुप बैठे हैं...क्या मुझे वरिष्ठ अधिकारियों से इस बारे में बात करनी चाहिए?'' मैंने भी वैसा ही तीखापन दिखाया, मैं जानता था कि यह ऐसे नहीं मानेगा।

''ठीक है, जैसा आपको ठीक लगे। यदि आप कविताओं की कॉपी नहीं देंगे तो मैं इस आवेदन को आगे नहीं बढ़ा पाऊँगा...सॉरी, अनुमति देना या न देना हमारे हाथ में है।'' सिंह ने अपने प्रशासनिक पद का भरपूर रुतबा दिखाने की कोशिश की।

''अच्छा! आपके हाथ में है, मुझे जानकारी नहीं थी मिस्टर सिंह कि आप ही इस फैक्टरी के महाप्रबन्धक हैं...अच्छा हुआ आपने बता दिया वरना मैं तो अभी तक एस.एन. गुप्ता जी को ही महाप्रबन्धक समझ रहा था...अब मेरी भी सुन लो, ये कविताएँ तो छपेंगी ही, आप अनुमति दें या न दें। भारत सरकार के नियम और सी.सी.आर. रूल्स मैं भी अच्छी तरह जानता हूँ...ठीक है, मिलते हैं जल्दी ही।'' मैंने हँसते हुए कहा।

मैं सीधे संयुक्त महाप्रबन्धक (प्रशासन) रत्नप्रकाश जी से मिला और उन्हें अपनी समस्या बताई। साथ ही यह भी कि एक महीना हो गया है मेरे आवेदन को, जो अभी तक मिस्टर जे.एन. सिंह की मेज से आगे नहीं सरका है। क्या यह माना जाए कि फैक्टरी प्रशासन को मेरी पुस्तक प्रकाशन से कोई दिक्कत नहीं है, यानी मैं इस कार्य को करने के लिए स्वतंत्र हूँ।

रत्नप्रकाश जी ने मेरी बात को गम्भीरता से लिया था, "मैं पता करता हूँ कहाँ प्रॉब्लम है।" उसने फोन करके सिंह को अपने ऑफिस में बुला लिया था। मुझे वहाँ देखकर वह समझ गया था कि मामला सीरियस हो चुका है।

रत्नप्रकाश जी ने उसे देखते ही सवाल किया, "क्यों मि. सिंह! इनको परमिशन क्यों नहीं दे रहे हो?"

"सर! मैंने मना थोड़े ही किया है लेकिन इन्होंने आवेदन के साथ कविताएँ, जो प्रकाशित होंगी, उनकी प्रति नहीं दी है, जब मैंने माँगी तो ये इनकार कर रहे हैं।" सिंह ने सफाई दी।

"सर! यह भी पूछ लीजिए इन्होंने मुझसे प्रति कब माँगी?" मैंने कहा।

इससे पहले कि रत्नप्रकाश जी पूछते, सिंह उछल पड़ा, "सर! आज ही इनसे कहा है।"

"यानी ये श्रीमान महीने भर चुपचाप बैठे रहे और जब मैंने पूछा तब ये पांडुलिपि माँग रहे हैं। महीने भर का समय इनको कम पड़ गया।" मैंने उनको ही उलटा कटघरे में खड़ा कर दिया।

रत्नप्रकाश बात को बढ़ाना नहीं चाहते थे, उन्होंने कहा, "दे दो पांडुलिपि, उसमें क्या दिक्कत है?"

"कोई दिक्कत नहीं है सर! पर ये उन कविताओं का करेंगे क्या? समकालीन कविता के बारे में ये कितना जानते हैं, यह भी तो मैं जानना चाहूँगा, कविता के अर्थ को अभिधा में से जब ये पढ़ेंगे तो अर्थ का अनर्थ ही करेंगे और फिर मैंने अपने आवेदन में स्पष्ट रूप से लिख

दिया है कि यह एक साहित्यिक पुस्तक है, फिर इनको क्या दिक्कत है, यह तो बताएँ।'' मैंने जोर देकर कहा।

कुछ देर रत्नप्रकाश जी सोचते रहे, फिर बोले, ''मि. सिंह! दे दो अनुमति। वाल्मीकि जी एक जिम्मेदार व्यक्ति हैं, इनकी किताब छपेगी तो फैक्टरी का भी तो नाम होगा। यह क्यों नहीं सोचते हो? जाओ अनुमति-पत्र बनाकर लाओ, मेरे हस्ताक्षर से इन्हें दे दो। जल्दी लेकर आओ, तब तक ये यहीं बैठे हैं।''

सिंह आधे मन से गया था। दरअसल उसकी आदत थी लोगों को छोटी-छोटी बातों के लिए भी तंग करना। मैं यह भी जानता था कि यदि मैंने कविताओं की पांडुलिपि उन्हें दे दी तो मेरी कविताएँ पढ़कर मिस्टर सिंह जो फीडबैक वरिष्ठ अधिकारियों को देंगे, उसके बाद तो 'सदियों का सन्ताप' कभी छप ही नहीं पाएगी क्योंकि वे सब दलित स्वर की कविताएँ थीं। उस समय तक साहित्यिक पत्रिकाओं के सम्पादक भी उन कविताओं को अच्छे नजरिए से नहीं देख रहे थे, वह बेचारा तो एक सरकारी नौकर था। साहित्य आन्दोलनों की उसे क्या पड़ी थी। वह भी उन कविताओं को पढ़कर मेरे बारे में कुछ गलत धारणाएँ ही बनाता, जो मेरे रास्ते में स्वाभाविक रूप से अवरोध ही पैदा करतीं।

लेकिन ऐसी मानसिकता के लोग जो सरकारी पदों पर बैठे हैं, वे चीजों को डैमेज करने में सिद्धहस्त होते हैं। एक बार संग्रह छप गया तो वे इसे कभी भी पढ़ नहीं पाएँगे क्योंकि पढ़ने-लिखने से ऐसे लोग बहुत दूर होते हैं, यह मैं इतने वर्षों के अनुभव से समझ चुका था। जे.एन. सिंह का रवैया वैसे भी दलितों के साथ सन्दिग्ध था। इसे सभी अच्छी तरह जानते थे लेकिन उनका दाँव मुझ पर नहीं चला था।

सिंह के जाने के बाद रत्नप्रकाश जी ने मुझसे पूछा था, ''पांडुलिपि देने में इतनी आनाकानी क्यों है?''

मैंने बिना किसी लाग-लपेट के साफ-साफ कहा था, ''सर! सिंह

जैसे लोग कविता की अभिव्यंजना को कितना समझ सकते हैं, कविता को सीधे-सीधे नहीं समझा जा सकता है। एक बार उसने यदि आपको भी आकर कुछ उलटा-सीधा उन कविताओं के बारे में कहा होता तो हो सकता है आप भी उसकी बात से सहमत हो जाते और यदि इन कविताओं से कोई बात सामने आती है या इन पर कोई आरोप लगता है तो जिम्मेदारी तो मेरी है, मुझे भी तो नौकरी करनी है। क्या मैं ऐसा कोई काम करूँगा जो मेरी नौकरी को ही खतरे में डाल दे। नहीं सर! मैं अपनी और अपने परिवार की जिम्मेदारी समझता हूँ। ऐसा कोई काम नहीं करूँगा जो मेरे रास्ते में अवरोधक बनकर खड़ा हो जाए।''

इतनी जद्दोजहद के बाद मुझे उस रोज अनुमति मिल गई थी। जब मैंने यह सब मदन शर्मा जी को बताया तो वे बहुत देर सोचते रहे और बोले, ''इस डिपार्टमेंट को साहित्य जैसी चीजें बेकार की बात लगती हैं। ये कभी भी लेखकों को प्रोत्साहित नहीं करते।'' उन्होंने यह काफी दुखी मन से कहा था, उसके बाद मेरी जो भी पुस्तक छपी मैंने कभी अनुमति नहीं माँगी थी, वह आखिरी अनुमति थी।

उसके बाद मेरी अनेक पुस्तकें छपीं लेकिन मेरे विभाग के अधिकारियों को कोई खबर नहीं थी। यहाँ तक कि जब मेरी एक कहानी 'खानाबदोश' एन.सी.आर.टी. की पुस्तक में शामिल की गई और उस पर एक राजनीतिक दल के सांसदों ने संसद में हंगामा किया कि इस कहानी को पाठ्यक्रम से हटाओ, तब भी मेरे विभाग को कोई खबर नहीं लगी थी जबकि महीने भर तक टी.वी. चैनल्स पर काफी विवाद चलता रहा था लेकिन मेरे विभाग को इसकी कोई खबर ही नहीं लगी थी। मैं उस वक्त काफी चिन्तित था कि यदि मेरे विभाग को इसकी जानकारी मिल गई तो पता नहीं विभाग क्या कार्रवाई करेगा। हो सकता है मेरे विरुद्ध कोई अनुशासनात्मक कदम उठाए लेकिन उन्हें पता ही नहीं चला था। ऐसा था मेरा विभाग जहाँ मैंने चालीस वर्ष नौकरी की थी और सुरक्षित बाहर आ गया, बिना किसी दाग-धब्बे के।

'सदियों का सन्ताप' कविता-संग्रह ने हिन्दी दलित कविता में अपना एक स्थान बनाया था। पाठकों ने ही नहीं, आलोचकों ने भी इस संग्रह की कविताओं में दलित स्वर को महसूस किया था। इस संग्रह की अनेक कविताओं का भारतीय भाषाओं में अनुवाद भी हुआ और हिन्दी दलित कविता की पहचान स्थापित करने में इस संग्रह की अहम भूमिका थी, जिसे आलोचकों और पाठकों ने गम्भीरता से लिया था।

संजय उन दिनों बी.एस-सी. में उसी कॉलेज में था, जिसमें डॉ. सिन्धवानी थे। चन्दा ने डॉ. सिन्धवानी से बात करके संजय का भी ट्यूशन उनसे लगवा दिया था। सुबह की शिफ्ट में वह आता था। ट्यूशन के बाद सीधा कॉलेज चला जाता था। एक रोज वह ट्यूशन के लिए आया था लेकिन बीच में ही उठकर बाहर आ गया था।

चन्दा ने उससे पूछा, "क्या हुआ?"

"चाची जी! तबीयत कुछ ठीक नहीं लग रही है, पेट में दर्द हो रहा है।" उसने कहा।

"चलो, अन्दर चलकर थोड़ा आराम कर लो, कोई दवा ली है? कब से यह दर्द है?" चन्दा ने सामान्य जानकारी लेने की कोशिश की।

"थोड़ा-थोड़ा तो कई दिन से था लेकिन इस वक्त बहुत ज्यादा महसूस हो रहा है।" संजय ने बताया था।

"दर्द की टेबलेट देती हूँ।" चन्दा ने उससे कहा।

"नहीं, थोड़ी देर लेटता हूँ...शायद कुछ आराम मिल जाए...नहीं तो फिर किसी डॉक्टर के पास जाऊँगा।" कहते हुए वह अन्दर जाकर लेट गया था।

"सुबह कुछ खाया था या ऐसे ही खाली पेट आ गए हो। कुछ बना दूँ?" चन्दा ने कहा।

"नहीं चाची जी, कुछ भी खाने का मन नहीं है।" उसने अनमने ढंग से कहा।

''ठीक है, थोड़ा आराम कर लो।'' कहते हुए चन्दा अपने रोजाना के घरेलू काम में व्यस्त हो गई थी।

थोड़ी देर बाद ही संजय उठकर जाने लगा था। चन्दा ने पूछा, ''क्या हुआ, कुछ आराम है?''

''घर जा रहा हूँ...रास्ते में किसी डॉक्टर से दवा लेते हुए जाऊँगा। कॉलेज जाने का मन नहीं है।'' कहते हुए वह बाहर निकल गया।

चन्दा ने उसे रोकने की कोशिश भी की थी, ''संजय सुनो, यहीं करनपुर में किसी डॉक्टर से दवा लिखवा लेते हैं। घर बाद में चले जाना। यहीं रुक जाओ।''

''नहीं चाची जी, बस मैं चलता हूँ।'' वह चला गया था।

शाम को जब मैं ऑफिस से लौटा तो चन्दा ने संजय की तबीयत के बारे में बताया। मैंने सोचा था, जाकर एक बार उसे देख आऊँगा लेकिन अम्मा-अब्बा के पास देर हो गई थी और उस रोज मैं संजय को देखने नहीं जा पाया था। अगले दिन ऑफिस की छुट्टी थी। 31 मार्च को स्टॉक चेकिंग डे होने से सभी संस्थान बन्द रहते हैं। संजय के घर जाने का मैंने कार्यक्रम बनाया हुआ था। घर से निकलने में थोड़ी देर हो गई थी। तभी दरवाजे की घंटी बजी। देखा तो विमला भाभी सामने खड़ी हैं। काफी घबराई हुई थीं।

मैंने पूछा, ''क्या हुआ? संजय की तबीयत कैसी है?''

''समझ में नहीं आ रहा है, क्या करूँ?'' उसने कहा।

''कहाँ है वह?'' मैंने पूछा।

''घर पर ही छोड़कर आई हूँ। डॉक्टर के पास ले जाना पड़ेगा। तुम चलो। चलकर देख लो क्या करना है। मेरा तो दिमाग ही काम नहीं कर रहा है।'' विमला भाभी ने कहा।

''मैं तो खुद वहीं आने के लिए तैयार हो रहा था, चलो, चलते हैं।''

मैंने आँगन से स्कूटर निकाला।

"दीदी! चिन्ता मत करो, यह तो साथ जा ही रहे हैं, किसी अच्छे डॉक्टर को दिखा देंगे।" चन्दा ने उन्हें हिम्मत बँधाई थी। वे बहुत ज्यादा परेशान दिख रही थीं।

मैंने स्कूटर निकाल तो लिया था लेकिन शहर में कई दिन से पेट्रोल नहीं मिल रहा था। मेरे स्कूटर में भी पेट्रोल कम था। डर था कहीं रास्ते में ही बन्द न हो जाए।

जब मैं इन्द्रेश नगर उनके घर पहुँचा तो देखा संजय दर्द से बुरी तरह तड़प रहा था। मैंने पूछा, "स्कूटर पर बैठ पाओगे या थ्री व्हीलर लेकर आएँ?"

संजय ने हिम्मत दिखाई थी और वह मेरे स्कूटर पर बैठ गया था। रास्ते में उसने मुझे बताया, "आज सुबह ही मैं डॉक्टर मनोज गुप्ता के क्लीनिक गया था। डॉक्टर गुप्ता ने मेरा चेकअप किया था। उनका कहना था कि एक घंटे के भीतर ही तुम्हारा ऑपरेशन हो जाना चाहिए वरना एपेंडिक्स किसी भी समय फट सकता है।"

"क्या... ? एपेंडिक्स?" अचानक मेरे मुँह से निकला, "तुमने अपनी माँ को यह सब बताया?"

"नहीं।" उसने कहा।

"क्यों नहीं बताया? तुम जानते हो यदि इसमें देर हो गई तो जान का खतरा भी होता है। पूरे शरीर में जहर फैलने का डर रहता है।" कहते हुए मैंने स्कूटर की गति बढ़ा दी थी। मैं स्वयं भी डर गया था। संजय की नादानी पर मुझे बहुत गुस्सा आ रहा था।

जैसे ही हम लोग गुप्ता क्लीनिक पहुँचे, संयोग से डॉक्टर मनोज गुप्ता कहीं जाने के लिए बाहर निकल रहे थे। संजय को देखते ही चिल्लाए, "मिस्टर! तुम कहाँ गायब हो गए थे। तुम्हें पता है इस वक्त तुम किस खतरे में हो... ?"

इससे पहले कि डॉक्टर गुप्ता कुछ और कहते, मैंने उनसे विनम्रता से कहा, ''डॉक्टर! आप जितना जल्दी हो सके इसका ऑपरेशन कीजिए...अब देर न करें।''

''आप इसके कौन हैं?'' डॉक्टर गुप्ता मेरी ओर मुखातिब हुए।

''मैं इसका चाचा हूँ। इसके पापा घर पर नहीं थे। शायद यह इसीलिए यहाँ कोई निर्णय नहीं ले पाया था...प्लीज, अब आप देर मत कीजिए।''

मैंने डॉक्टर को शान्त करने की कोशिश की। डॉक्टर मुड़कर अपने केबिन की ओर चल दिए थे और हमें आने का इशारा किया।

संजय को ऑपरेशन थिएटर में ले जाने से पहले डॉक्टर ने एक पेपर पर मेरे हस्ताक्षर लेते हुए कहा था, ''पेशेंट की मम्मी को भी बुला लेते तो ठीक रहता।''

''आप ऑपरेशन शुरू कीजिए। मैं कोशिश करता हूँ उन्हें बुलाने की।'' मैंने कह तो दिया था लेकिन उन दिनों फोन जैसी सुविधाएँ नहीं थीं। मैंने बाहर आने से पहले डॉक्टर से पूछा था, ''ऑपरेशन में कितना समय लग जाएगा?''

''पन्द्रह-बीस मिनट में पेशेंट बाहर आ जाएगा। तब तक आप बाहर बैठिए। हम आपको बुला लेंगे।'' डॉक्टर ने मुझे आश्वस्त किया था।

मैं बाहर आ गया था।

थोड़ी देर बाद एक नर्स बाहर आई थी। आवाज लगाकर बोली, ''संजय खैरवाल के साथ कौन है?''

''कहिए, मैं हूँ।'' मैंने उत्तर दिया।

''आप जल्दी से ये दवाएँ और इंजेक्शन तथा कुछ जरूरी सामान केमिस्ट से लेकर आ जाइए, जल्दी आइएगा। ऑपरेशन के समय इनकी जरूरत पड़ेगी।'' नर्स ने हिदायत दो।

नर्स के हाथ से कागज लेकर मैंने स्कूटर निकाला और दवा लेने के लिए चल पड़ा। अभी तक स्कूटर ने साथ दिया था लेकिन कभी भी बन्द हो जाने की स्थिति बनी हुई थी। मनोज गुप्ता के क्लीनिक से

किशनलाल केमिस्ट ज्यादा दूर नहीं था लेकिन दवाई जल्दी चाहिए थी इसीलिए स्कूटर लेकर निकला था।

दवाइयाँ और इंजेक्शन का बिल देखकर मैं चकरा गया था। इतने पैसे जेब में नहीं थे। घर जाने लायक स्कूटर में पेट्रोल भी नहीं था। चन्दा को खबर देने का भी मेरे पास कोई साधन नहीं था। आखिर मैंने किशनलाल एंड कम्पनी के मालिक से बात की, "मेरे पास इतने पैसे इस वक्त नहीं हैं, जो हैं वे मैं जमा कर देता हूँ बाकी शाम तक आपको दे जाऊँगा। यदि मेरे ऊपर आपको विश्वास नहीं बन रहा है तो मेरा स्कूटर यह खड़ा है। यह इसकी चाबी है आप रख लें। पैसे देने आऊँगा तो स्कूटर ले जाऊँगा।"

मालिक ने मुझे ऊपर से नीचे तक देखा, "यह डॉक्टर की पर्ची यहाँ छोड़ दीजिए। कोई बात नहीं है। आप यह सब दवाएँ जल्दी ले जाइए। स्कूटर छोड़ने की जरूरत नहीं है।" मैंने उनको धन्यवाद दिया और क्लीनिक की ओर चल दिया।

दवाइयाँ और इंजेक्शन समय पर मैंने नर्स के हाथ में थमा दिए थे। दरअसल जब मैं विमला भाभी के साथ घर से निकला था, मुझे यह आभास तक नहीं था कि संजय को ऑपरेशन की जरूरत है। ज्यादा से ज्यादा डॉक्टर की फीस और कुछ दवाइयाँ, इतने पैसे मेरी जेब में थे।

क्लीनिक के बाहर बैठे-बैठे मुझे लगभग एक घंटा हो गया था और अभी तक संजय का कोई भी समाचार मुझे नहीं मिला था। पता नहीं क्यों मेरा मन बेचैन होने लगा था। अचानक मन में कई तरह की आशंकाएँ उभरने लगी थीं। घर में किसी को भी पता नहीं है कि संजय का ऑपरेशन हो रहा है। और यह निर्णय लेते समय मैंने किसी को भी साथ में नहीं लिया था। यदि कुछ गलत हो गया तो क्या होगा...मन में तरह-तरह के सवाल उठने लगे थे। मैंने ऑपरेशन थिएटर के पास जाकर पूछताछ की।

"ऑपरेशन चल रहा है। आप बैठिए, डॉक्टर आपको बुलाएँगे।" वहाँ मौजूद नर्स ने कहा।

मेरे लिए समय पहाड़ के जैसा था उस समय, जो काटे नहीं कट रहा था। एक-एक पल किसी यातना से कम नहीं था। लगभग डेढ़ घंटे के बाद नर्स आई, "संजय खैरवाल के साथ कौन है? डॉक्टर बुला रहे हैं।"

मैं दौड़ते हुए गया। ऑपरेशन थिएटर के पास जाकर खड़ा हो गया। चार-पाँच मिनट बाद डॉक्टर बाहर आए। उनके हाथ में एक जार था, "देखिए, यह पीस काटकर निकाला है।" डॉक्टर ने आँत का वह हिस्सा मुझे दिखाया।

मैंने अनमने ढंग से उस पर एक उड़ती-सी नजर डालते हुए पूछा, "संजय कैसा है? कितनी देर में बाहर आ जाएगा। मैं उसे देख सकता हूँ?"

मेरे सवालों की झड़ी देखकर डॉक्टर बोला, "रिलेक्स, वह ठीक है, बस पाँच-दस मिनट में बाहर आ जाएगा। तब तक आप उसके लिए कम्बल वगैरह की व्यवस्था कर लें। होश आने पर पेशेंट को ठंड लगती है।" कहकर डॉक्टर फिर से अन्दर चले गए थे।

मेरे मन को थोड़ी-सी राहत महसूस हुई थी और मैं बाहर आकर बैठ गया था। मार्च के महीने में देहरादून का मौसम सर्द ही रहता है लेकिन मुझे पसीना छूट रहा था। कुछ देर बाद संजय का एक दोस्त जो उसके साथ कॉलेज में पढ़ता था, उसे ढूँढ़ते हुए वहाँ पहुँच गया था। मैं उसे जानता था। संजय के साथ वह हमारे घर भी एक-दो बार आ चुका था। उसे देखते ही जैसे मेरी चिन्ताएँ गायब हो गई थीं। उस वक्त 'डूबते को तिनके का सहारा' जैसा मुहावरा सटीक और उपयोगी लगा था। मैंने आवाज लगाई, "निरंजन!"

वह दौड़कर मेरे पास आया, "चाचा जी! संजय कहाँ है? मैं उसके घर गया था, आंटी जी ने बताया उसकी तबीयत खराब है और आपके साथ आया है, कहाँ है वह?"

"चिन्ता मत करो, उसका ऑपरेशन हुआ है एपेंडिस का। बस अभी ऑपरेशन थिएटर से बाहर आने ही वाला है। तुम एक काम करो,

करनपुर हमारे घर जाओ। वहाँ जाकर संजय की चाची जी से कहना हम लोग मनोज गुप्ता के क्लीनिक में हैं और संजय का ऑपरेशन हुआ है। वहाँ से एक कम्बल जल्दी से लेकर आ जाओ। देर मत करना और यह भी कहना कि वे खुद भी यहाँ आ जाएँ। घर में जितने भी पैसे हों साथ लेकर आएँ। यहाँ जरूरत पड़ेगी...और हाँ, तुम आए कैसे हो?'' मैंने उससे पूछा।

''जी, साइकिल है मेरे पास।'' उसने कहा।

''ठीक है, जल्दी आना है...'' मैंने उसे हिदायत दी।

वह बिना देर किए चला गया था। करनपुर वहाँ से ज्यादा दूर नहीं था। वह जल्दी ही लौट आया था। तब तक संजय भी ऑपरेशन थिएटर से बाहर आ गया था लेकिन उसे ओढ़ाने के लिए मेरे पास कुछ नहीं था। एक नर्स ने अस्पताल की एक चादर भर उसे दी थी। वह ठंड से काँप रहा था लेकिन होश में आ चुका था। उसे होश में देखकर मेरी रही-सही चिन्ताएँ भी मिट गई थीं। निरंजन ने उसे कम्बल ओढ़ा दिया था लेकिन अभी वह बात करने की स्थिति में नहीं था।

मैंने निरंजन से कहा, ''एक काम और कर दो। संजय की माँ को भी जल्दी से लेकर आ जाओ। अगर वे तुम्हारी साइकिल पर न बैठ पाएँ तो उनसे कहना थ्री व्हीलर से आ जाएँ। मेरे स्कूटर में पेट्रोल नहीं है वरना स्कूटर से ले आते उन्हें।''

''नहीं चाचा जी! आप परेशान न हों, मैं उन्हें लेकर आता हूँ।''

निरंजन ने फिर से तत्परता दिखाई थी। निरंजन के जाते ही चन्दा भी वहाँ आ चुकी थी। उनके पास जितने भी पैसे थे वह लेकर आई थी। चन्दा को देखते ही न जाने क्यों मुझे ताकत मिली थी। मैंने कहा, ''तुम संजय के पास रुको, मैं किशनलाल के पैसे देकर आता हूँ। सारी दवाएँ उधार लेकर आया था।''

पैसे देने मैं पैदल ही चल पड़ा था।

मेरे लौटकर आने से पहले ही विमला भाभी वहाँ पहुँच चुकी थीं। उन्हें देखकर मैं अब पूरी तरह से शान्त हो चुका था। संजय को भी होश

आ गया था। जब विमला भाभी को पता चला कि आँत काटकर निकाली है तो वे काफी परेशान हो गईं। मैंने उन्हें समझाया कि यदि ऑपरेशन होने में थोड़ी भी देर हो जाती तो संजय के लिए वह संकट की घड़ी होती। मेरे लिए वे पल कितने यातनापूर्ण थे, जब संजय का ऑपरेशन चल रहा था। यदि कुछ भी गलत हो जाता तो जिन्दगी भर के लिए मेरे फैसले के कारण मुझ पर एक कलंक तो लग ही जाता। न माँ की सहमति, न बाप की और मैंने ऑपरेशन का निर्णय अपने रिस्क पर ले लिया। और एक बात, मेरी जेब में उतने पैसे भी नहीं थे कि मैं संजय के लिए दवाई ला सकता। यह तो दुकानदार की भलमनसाहत देखिए कि उसने हजारों रुपए की दवा मुझे उधार दे दी, वरना मैं इतने पैसे उस वक्त माँगने कहाँ जाता। सचमुच मेरे लिए वह समय किसी यातना से कम नहीं था। जिन्दगी में पहली बार खुद को इतना अकेला महसूस किया था। मैं बता नहीं सकता। समय पर निरंजन ने आकर जो हौसला मुझे दिया, वह हमेशा याद रहेगा। करीब रात दस बजे संजय के पापा जनेसर घर लौटे थे। घर का ताला बन्द देखकर आस-पड़ोस में पता किया कि संजय और उनकी माँ कहाँ हैं ? पड़ोसियों ने बताया, संजय की तबीयत खराब है और किसी अस्पताल में भर्ती है लेकिन कोई भी पड़ोसी अस्पताल का नाम नहीं बता पाया था। किसी को अस्पताल के बारे में जानकारी भी तो नहीं थी। वे पहले दून अस्पताल गए थे। वहाँ जब कुछ पता नहीं चला तो मनोज गुप्ता के अस्पताल में पूछने चले आए थे लेकिन वहाँ सबको देखकर वे चौंके। उन्हें यह अन्दाज भी नहीं था कि संजय की तबीयत अचानक इतनी खराब हो जाएगी। वह दिन मेरी जिन्दगी का ऐसा दिन था जिसे मैं कभी भी भूल नहीं पाऊँगा।

संजय जल्दी ही ठीक होकर घर लौट आया था। सभी खुश थे। सबसे ज्यादा खुशी मुझे थी क्योंकि संजय के साथ-साथ उस तकलीफ को मैंने भी भोगा था, उन दो-अढ़ाई घंटों में।

जुलाई, 1991 में राजेन्द्र यादव, गिरिराज किशोर और प्रियंवद किसी व्यक्तिगत कार्य से ऋषिकेश आए थे। देहरादून के रचनाकारों को जब यह सूचना मिली तो उन्हें देहरादून ले आए थे। उनके ठहरने की व्यवस्था यमुना कॉलोनी के अतिथिगृह में की गई थी। उन दिनों हम्माद फारूकी यमुना कॉलोनी में ही रहते थे। उस रात देहरादून के काफी रचनाकार उनसे मिलने आए थे। उस समय तक 'हंस' कथा साहित्य में अपनी एक विशिष्ट पहचान बना चुकी थी। राजेन्द्र यादव, गिरिराज किशोर और प्रियंवद से मेरी यह पहली मुलाकात थी। गिरिराज किशोर जी मेरे नाम से परिचित थे। उनके उपन्यास 'परिशिष्ट' के छपने पर मेरा उनसे काफी लम्बा और तीखा पत्र व्यवहार हुआ था।

यह वह समय था जब हिन्दी पत्र-पत्रिकाएँ मराठी से अनूदित दलित रचनाएँ तो छाप रही थीं लेकिन हिन्दी लेखकों की रचनाएँ नहीं छाप रही थीं। उस रोज राजेन्द्र यादव जी से मेरी काफी तीखी नोक-झोंक हुई थी। वे मेरी कहानियाँ ही नहीं, कविताएँ भी लौटा चुके थे। उनका कहना था कि हिन्दी में मराठी जैसा लेखन नहीं हो रहा है। मैंने उन्हें टोका था कि यह तुलना बेमानी है। एक भाषा की रचनाओं की तुलना दूसरी भाषा की रचनाओं के साथ गुणवत्ता के आधार पर नहीं की जा सकती है। क्या हिन्दी साहित्य की तुलना रूसी, फ्रेंच या अंग्रेजी के साथ की जा सकती है? सभी भाषाओं की अपनी-अपनी पृष्ठभूमि है। हिन्दी का अपना स्वभाव और वातावरण है। मराठी की कमजोर रचनाओं के अनुवाद भी आप लोग दलित लेखन के नाम पर खूब छाप रहे हैं लेकिन हिन्दी दलित रचनाओं को ठीक से पढ़े बिना ही लौटा रहे हैं। शायद इसलिए कि हिन्दी लेखन आप लोगों के दरवाजे पर खड़ा होकर दस्तक दे रहा है। ज्यादातर सम्पादक यही कहते हैं कि महाराष्ट्र जैसी सामाजिक स्थिति हमारे यहाँ नहीं है लेकिन मैंने राजेन्द्र यादव जी से कहा था कि समूचे देश में एक जैसी ही स्थिति है। यह पूर्वग्रह ही है, जो सम्पादकों के निर्णय को प्रभावित करता है इसलिए दलित रचनाओं

को लेकर हिन्दी मीडिया भी गम्भीर नहीं है। उनकी सोच और मानसिकता पर कहीं न कहीं जातीय अहं हावी है। यह बहस काफी लम्बी चली थी। बाद में राजेन्द्र यादव जी ने इसे केन्द्रित करते हुए एक सम्पादकीय भी लिखा था।

इस बीच मैंने उन्हें 'बैल की खाल' कहानी भेजी थी, जिसका उन्होंने कोई उत्तर नहीं दिया था। अचानक मुझे किसी पारिवारिक कार्य से दिल्ली जाना पड़ा था। कार्य निबटाकर मैंने सोचा कि 'हंस' के कार्यालय में जाकर अपनी कहानी के बारे में पता कर लेते हैं। यदि नहीं छाप रहे हैं तो कहीं और भेज देंगे। यही सोचकर मैं 'हंस' के कार्यालय पहुँच गया था। उस समय वहाँ राजेन्द्र जी के पास काफी लोग बैठे थे लेकिन मुझे इस बात का आश्चर्य हुआ था कि देहरादून की उस छोटी-सी मुलाकात के कई महीनों बाद भी राजेन्द्र यादव जी ने मुझे पहचान लिया था और मुझे देखते ही उन्होंने कहा था, "ओमप्रकाश! आओ कैसे हो?" उन्हें मेरा नाम याद रहा था। यह मेरे लिए एक सुखद अनुभव था।

मैं वहाँ काफी देर रहा था। इस बीच दिल्ली के अनेक साहित्यकार वहाँ आ-जा रहे थे। काफी लोगों से परिचय हुआ था। मैं अपनी कहानी के बारे में पूछने की हिम्मत ही नहीं जुटा पाया था। जब मैं उठकर चलने लगा तो राजेन्द्र यादव जी ने कहा, "ओमप्रकाश! अपनी कुछ कविताएँ भेज देना।"

देहरादून आकर कविताएँ भेजना मैं भूल गया था लेकिन अचानक जनवरी, 1992 के मध्य में याद आया कि राजेन्द्र यादव जी ने 'हंस' के लिए कुछ कविताएँ माँगी थीं। मैंने आधे-अधूरे मन से पाँच-छह कविताएँ अगले ही रोज भेज दी थीं। यह सोचकर कि शायद ही छपें। कहानी पर उनकी ओर से अभी तक कोई उत्तर नहीं मिला था।

एक सप्ताह बाद ही राजेन्द्र जी का एक छोटा-सा पत्र मिला था, "ओमप्रकाश! कविताएँ 'हंस' में छपेंगी, अन्यत्र न भेजें, थोड़ी प्रतीक्षा जरूर करें।" यह पत्र संक्षिप्त था लेकिन मेरे लिए यह गहरे अर्थवाला

साबित हुआ था। उस समय तक मेरी दलित कविताएँ किसी भी तथाकथित मुख्यधारा के अखबार या किसी पत्रिका में नहीं छपी थीं जबकि दलित पत्रिकाओं में लगातार छप रही थीं।

'हंस' के जुलाई, 1992 के अंक में ये कविताएँ एक साथ छपी थीं। 26 जुलाई, 1992 के 'नवभारत टाइम्स' के 'रविवारीय' में भी एक कविता 'शायद आप जानते हों' प्रकाशित हुई थी। इन कविताओं के प्रकाशन के साथ एक और घटना हुई थी, जिसने मेरे लेखकीय जीवन में एक महत्त्वपूर्ण भूमिका अदा की थी। 'हंस' हर वर्ष 31 जुलाई को प्रेमचन्द जयन्ती और 'हंस' की वर्षगाँठ पर एक संगोष्ठी का आयोजन करता रहा था। उस वर्ष 'प्रेमचन्द : विशिष्ट सन्दर्भ दलित विमर्श' विषय पर संगोष्ठी का आयोजन किया गया था, जिसमें मुझे भी एक वक्ता के रूप में आमंत्रित किया गया था। मेरे लिए यह एक बहुत बड़ा अवसर था क्योंकि 'हंस' की वार्षिक गोष्ठियों की अनुगूँज हिन्दी साहित्य जगत् में पूरे वर्ष सुनाई पड़ती थी।

इस संगोष्ठी का संचालन राजेन्द्र यादव जी ने किया था और उद्घाटन भाषण डॉ. मैनेजर पांडेय ने किया था। मैनेजर पांडेय जी ने अपने व्याख्यान का समापन 'नवभारत टाइम्स' में छपी मेरी कविता से किया था लेकिन उन्होंने कवि के नाम का उल्लेख नहीं किया था।

राजेन्द्र यादव जी ने उन्हें टोका, ''इस कविता के कवि का नाम भी तो बताओ।''

मैनेजर पांडेय जी ने बताया, ''यह ओमप्रकाश वाल्मीकि की कविता है जो हाल ही में 'नवभारत टाइम्स' में प्रकाशित हुई है।''

राजेन्द्र यादव ने कहा था, ''ओमप्रकाश वाल्मीकि आज यहाँ मौजूद हैं। हम उनका वक्तव्य भी सुनेंगे।''

जब मुझे बोलने के लिए आमंत्रित किया गया तो मैंने अपना वक्तव्य अपनी कविता 'ठाकुर का कुआँ' से शुरू किया था और डॉ. अम्बेडकर का वह उद्धरण दिया जिसमें उन्होंने कहा था कि जिस संस्कृति को आप महान कहते नहीं थकते, उसने चौदह करोड़ दलित

और सात करोड़ अदिवासी पैदा कर दिए हैं, फिर भी वह महान है। उस गोष्ठी में मैंने दलित साहित्य को ही केन्द्रित किया था। प्रेमचन्द पर ज्यादा नहीं बोला था। दलित साहित्य की प्रतिबद्धता और दलित चेतना को दलित अस्मिता का सवाल बनाकर प्रस्तुत किया था, जिसे बाद में दूरदर्शन ने अपने समाचारों में प्रमुखता से प्रसारित किया था।

दिसम्बर, 1992 के 'हंस' ने मेरी कहानी 'बैल की खाल' प्रकाशित की थी। इस कहानी के छपने पर पाठकों ने अच्छी प्रतिक्रियाएँ दी थीं और मुझे एक कहानीकार के रूप में पहचान मिली थी। इसके बाद 'हंस' में मेरी कई महत्त्वपूर्ण कहानियाँ छपीं—'सलाम', 'अन्धड़', 'भय', 'प्रमोशन', 'कूड़ाघर', 'चिड़ीमार', 'रामेसरी', 'अथकथा', 'पीटर मिश्रा' आदि लेकिन 'हंस' ने मेरी कुछ अच्छी कविताएँ लौटाई भीं, जैसे—'अम्मा', 'शवयात्रा' व 'रिहाई' आदि, जो अन्य पत्रिकाओं में छपकर चर्चित हुईं। 'शवयात्रा' 'इंडिया टुडे' में छपकर काफी चर्चित हुई थी बल्कि विवादों में भी घिरी रही। 'हंस' के माध्यम से पाठकों का जो प्यार मुझे मिला, उसने हमेशा मुझे प्रेरणा दी है। यह मेरे लेखकीय जीवन का एक महत्त्वपूर्ण पड़ाव साबित हुआ था, जिसे अनदेखा नहीं किया जा सकता है।

छब्बीस जनवरी, 1994 को कुछ साथियों के साथ मिलकर हमने 'अस्मिता अध्ययन केन्द्र' की स्थापना की, जिसका उद्देश्य था—लोगों में पढ़ने की प्रवृत्ति को विकसित करना। डॉ. अम्बेडकर, बुद्ध और ज्योतिबा फुले के विचारों से आम लोगों को परिचित कराना। पहले पड़ाव में एक पुस्तकालय की शुरुआत की गई थी और दूसरे में पढ़ी जानेवाली पुस्तकों पर बातचीत। तीसरा पड़ाव था—विद्वानों के व्याख्यान कराना। उद्घाटन के समय लगभग तीन सौ लोगों को जुटाने में हमें सफलता मिली थी और यह कार्यक्रम दो घंटे से ज्यादा चला था। अस्मिता अध्ययन केन्द्र के कार्यक्रम लगातार चल रहे थे। शहर के विभिन्न स्थानों

पर हमने ये कार्यक्रम रखे थे ताकि आम आदमी को इसमें आने में कोई असुविधा न हो। किताबें पढ़ने में भी लोगों ने रुचि दिखाई थी। शहरी जीवन से बाहर ग्रामीण क्षेत्रों में भी हमने कई कार्यक्रम रखे थे। अस्मिता अध्ययन केन्द्र के कार्यक्रमों में मोहनदास नैमिशराय, श्योराज सिंह बेचैन, डॉ. एन. सिंह, कँवल भारती, मलखान सिंह आदि ने अपने व्याख्यान दिए थे, जिसका परिणाम यह सामने आया कि आम आदमी दलित साहित्य और डॉ. अम्बेडकर विचार से परिचित हुआ था। देहरादून की साहित्यिक गतिविधियों में यह एक नया प्रयोग था। जैसे-जैसे गतिविधियाँ बढ़ रही थीं, वैसे-वैसे कई तरह के विरोधी स्वर भी उठने लगे थे, जिन्हें हमारी ये गतिविधियाँ नागवार लग रही थीं। देहरादून के अनेक साहित्यकार मित्रों ने इन विचार-गोष्ठियों में सहभागिता दिखाई थी।

इन कार्यक्रमों की अनुगूँज मेरे कार्यालय तक भी पहुँच गई थी। उन दिनों ऑप्टो-इलेक्ट्रोनिक्स फैक्टरी के महाप्रबन्धक पद पर के.पी. सिंह थे। के.पी. सिंह गाजियाबाद के रहनेवाले थे। अक्खड़ मिजाज, गालियाँ भी देते थे। बोलते समय जो भी मुँह में आता, कह जाते थे। सामनेवाला इसलिए चुप रह जाता था कि महाप्रबन्धक हैं, न जाने किस बात से नाराज हो जाएँ लेकिन वे अपनी ही रौ में एक बार बोलते तो पूर्णविराम ही नहीं लगता था। कभी-कभी तो उनकी भाषा मर्यादा की सीमा लाँघकर अश्लीलता तक पहुँच जाती थी और इसे वे अपना अधिकार मान लेते थे।

अस्मिता अध्ययन केन्द्र की गतिविधियाँ उन्हें भी नागवार लगी थीं, जब उन्हें पता चला कि इन गतिविधियों के पीछे ओमप्रकाश वाल्मीकि हैं तो उन्होंने बिना कुछ सोचे-समझे मुझे सजा देने का मन बना लिया था और एक दिन (17 जुलाई, 1994) उन्होंने मुझे अपने ऑफिस में बुला लिया था। जैसे ही मैंने उनके ऑफिस का दरवाजा खोलकर अन्दर प्रवेश किया, वे मुझे देखते ही चिल्लाने लगे। इस हमले के लिए मैं तैयार नहीं था। मैं तो यह सोचकर शान्त मन से वहाँ आया था कि शायद कोई सरकारी काम होगा, जिसके लिए महाप्रबन्धक ने मुझे बुलाया है। कुछ देर तक तो मैं शान्त भाव से उनका चिल्लाना सुनता रहा...''तुम

अपने आपको समझते क्या हो...एक अच्छी नौकरी मिल गई है तो हजम नहीं हो रही है...अगर यही सब करना है तो जाओ बाहर और करो भंगी-चमारों की नेतागिरी और कुछ तो तुम लोगों के वश में है नहीं, बस जाति के नाम पर दूसरों को गालियाँ ही बको...।''

''सर! मुझे यह समझ नहीं आ रहा है कि आप यह सब क्यों कह रहे हैं? मैं ठीक सनय पर ऑफिस आता हूँ, अपना काम ठीक से करता हूँ, मेरे काम को लेकर कोई शिकायत है तो कहें...बाकी आप ये सब...'' मैंने कहना अभी शुरू किया था कि वे और ज्यादा बिफर पड़े।

''अच्छा! हमारी बात आपको समझ नहीं आ रही है...समझ तब आएगी जब आपका तबादला यहाँ से दूर-दराज कर दिया जाएगा या आपके खिलाफ अनुशासनात्मक कार्रवाई की जाएगी...तब हमारी बात तू ठीक से समझ पाएगा...'' वे तू-तड़ाक पर उतर आए थे।

''ठीक है सर! अगर आपको मेरे खिलाफ कोई कार्रवाई करनी है तो अवश्य करें लेकिन कम से कम एक वरिष्ठ अधिकारी होने के नाते आपसे इस भाषा की उम्मीद नहीं रखता हूँ...प्लीज, आप ठीक से पेश आएँ। यदि मुझसे कोई भी ऐसा कार्य हुआ है जो इस कारखाने के अनुशासन को भंग करता है या मेरे काम की वजह से फैक्टरी का कोई अहित हुआ है तो जो भी सजा आप देंगे, मुझे स्वीकार्य होगी लेकिन मुझे अपमानित करने से पहले आप ठीक से सोच लें कि आप किस तरह की भाषा का प्रयोग कर रहे हैं, जो मुझे अपमानित कर रही है...इसलिए मेरा आपसे नम्र निवेदन है कि आप मुझे ठीक से बताएँ कि आप मेरे किस काम से इतना ज्यादा नाराज हैं ताकि मुझे भी तो समझ में आए कि मुझसे कहाँ गलती हो रही है और रही भंगी-चमारों की नेतागिरी करने का सवाल, फैक्टरी के भीतर आप कोई भी ऐसा वाकया बताएँ जहाँ मैंने कभी भी नेतागिरी की हो और फैक्टरी के अनुशासन को भंग किया हो।

''आप सिद्ध कर दीजिए, मैं दुबारा आकर आपको मौका नहीं दूँगा। आपके द्वारा लगाए गए आरोपों के बदले मैं सजा भुगतने के लिए

तैयार हूँ...लेकिन ध्यान रखिएगा...कि आपकी गतिविधियों पर भी लोगों की नजर है। यदि मेरी शान्ति भंग करने का आपने मूड बना लिया है तो सुरक्षित आप और आपके सलाहकार भी नहीं हैं। आज तक इस कॉलोनी में जो नहीं हुआ वह आपके कार्यकाल में हो रहा है। जिस तरह आप साम्प्रदायिक तत्त्वों को संरक्षण दे रहे हैं, वह किसी से छुपा नहीं है। यह भूलिएगा नहीं। मुझे आपके फैसले का इन्तजार रहेगा...धन्यवाद!" कहकर मैं बाहर निकल आया था लेकिन तनाव से मेरा सिर भन्ना गया था। नौकरी में पहली बार एक वरिष्ठ अधिकारी ने मेरे ऊपर आरोप लगाए थे, जो बेबुनियाद थे। वह भी मेरी उन गतिविधियों को लेकर जो सिर्फ साहित्यिक और वैचारिक थीं।

उस रोज मैं अपने ऑफिस में आकर भी शान्त नहीं था। कई तरह के सवाल मेरा पीछा कर रहे थे। पूरा दिन इसी दुश्चिन्ता में निकल गया था कि न जाने के.पी. सिंह क्या करेगा। कहीं मेरा स्थानान्तरण दक्षिण भारत की किसी फैक्टरी में न करा दे। इसी परेशानी में पूरा दिन निकल गया था। पारिवारिक कारणों से मैं देहरादून से बाहर स्थानान्तरण कर दिए जाने की स्थिति में नहीं था। के.पी. सिंह की बातों ने अचानक जैसे मेरी दुश्चिन्ता बढ़ा दी थी।

लेकिन एक हफ्ते के बाद भी के.पी. सिंह की ओर से कोई कार्रवाई नहीं हुई थी। अचानक एक रोज प्रोडक्शन शॉप में उन्होंने मुझे देखा और अपने पास बुलाकर कहा, "कैसा चल रहा है तुम्हारा 'अस्मिता अध्ययन केन्द्र'?"

मैं चौका, "सर! आपको खबर है?"

"तो क्या समझते हो, हम कुछ नहीं जानते, किसी ने आकर आपके बारे में उलटा-सीधा बताया था, बस यही था। उस रोज तुमसे कह दिया लेकिन जब बाद में पता किया तो सूचनाएँ कुछ अलग थीं। साहित्य के बारे में तो मुझे ज्यादा जानकारी नहीं है। हाँ, लोगों को समझदार बनाने के इस अभियान में यदि मेरी कभी जरूरत पड़े तो कहना..."

मैं आश्चर्य से उनकी ओर देख रहा था। मन में यही आशंका थी

कि कहीं ये ब्यूरोक्रेसी का कोई दाँव तो नहीं ?...मुझे चुप देखकर बोले, ''अब ये मुर्दा चेहरा लेकर कब तक खड़े रहोगे...भूल जाओ...जो भी कहा था। मेरी जाट बुद्धि में जो घुसा, वह उगल दिया। मन में कुछ नहीं है...चाहो तो कभी देख लेना, सिद्ध कर देंगे...यही कहा था न तुमने ?''

''लेकिन सर मेरी तो नींद उड़ा दी थी आपने। मैं तो तब से लेकर अब तक उसी इन्तजार में हूँ कि कब आपके कार्यालय से गोपनीय पत्र मिले और मैं उसका उत्तर दूँ।'' मैंने गम्भीरता से कहा।

''इतने डरपोक तो तुम हो नहीं, जिस तरह से तुमने मेरे आरोपों का उत्तर दिया था, उससे तो लगा था कि तुम अन्दर से एकदम मजबूत हो, जो छोटे-मोटे हमलों से भयभीत नहीं होता।'' के.पी. सिंह ने मुस्कुराकर कहा था।

''सॉरी सर! यदि मेरी किसी बात से आपको बुरा लगा हो तो मैं माफी चाहता हूँ।'' मैंने भी उसी भावना से कहा था।

''नहीं, गलती मेरी थी। मुझे थोड़ी खोजबीन करानी चाहिए थी...अब इस बात को यहीं खत्म करो...आगे से हमारे बीच यह बात नहीं आनी चाहिए...और हाँ, फैक्टरी की वर्षगाँठ पर एक हास्य कवि सम्मेलन कराना है, इसकी जिम्मेदारी आपकी ही रहेगी। सोचकर रखो, किसे बुलाना है और खर्च कितना होगा। ओके।''

जाते-जाते एक काम मेरे सिर पर डाल गए थे। काफी समय तक के.पी. सिंह के एक्शन का इन्तजार करता रहा था लेकिन जब सामान्य रहा तो निश्चिन्त हो गया था।

दिसम्बर, 1993 के प्रथम सप्ताह में चर्चित पत्रकार राजकिशोर जी का एक पत्र मिला था। वे उन दिनों 'नवभारत टाइम्स', नई दिल्ली में थे। मैं व्यक्तिगत तौर से उन्हें नहीं जानता था। जब वे 'रविवार' (कोलकाता) में थे, तब से उनके लिखे रिपोर्ताज पढ़ता रहा था। कफल्टा कांड पर उनकी रिपोर्ताज काफी चर्चित हुई थीं। 'रविवार' से ही वे 'नवभारत टाइम्स' में आए थे। उनका पत्र देखकर मुझे बेहद खुशी हुई थी। उन्होंने लिखा था, 'वाणी प्रकाशन', नई दिल्ली से 'आज के प्रश्न'

पुस्तकों की एक सीरीज शुरू की गई है, जिसमें, अभी तक 'अयोध्या और उससे आगे', 'भारतीय मुसलमान : मिथक और यथार्थ', 'हिन्दू होने का अर्थ', 'विनाश को निमंत्रण : भारत की नई अर्थनीति', 'कश्मीर का भविष्य' आ चुकी हैं और अगली पुस्तक होगी—'हरिजन से दलित'। इस पुस्तक के लिए आपके जीवन-संघर्ष पर एक आलेख चाहिए, प्रामाणिकता के साथ। मैं इसके लिए मानसिक रूप से बिलकुल भी तैयार नहीं था क्योंकि इससे पूर्व भी मैंने अपनी आत्मकथा लिखने की कोशिश की थी लेकिन बात कुछ बनी नहीं थी तो लिखे हुए सारे पृष्ठ फाड़ दिए थे। अब अचानक फिर से वही शुरू करना पड़ेगा। मेरे लिए यह एक दुविधा का मामला था। इसलिए मैं एकदम से हाँ करने की स्थिति में स्वयं को नहीं पा रहा था। मैंने राजकिशोर जी के पत्र का उत्तर देते हुए कहा, 'अपने बारे में लिखना मेरे लिए बेहद कष्टदायक है। पता नहीं मैं लिख भी पाऊँगा या नहीं। फिर भी समय सीमा बताइए, कब तक मैटर भेजना है और कितने पृष्ठों का चाहिए, बताएँ।'

उनका उत्तर त्वरित आया था। उन दिनों आज के जैसे मोबाइल या फोन की सुविधाएँ नहीं थीं इसलिए पत्रों के आदान-प्रदान से ही बात हो पाती थी। या फिर तार से शीघ्र सन्देश भेजा जाता था। राजकिशोर जी ने लिखा था, '15 जनवरी, 1994 तक मैटर मिल जाना चाहिए और हाथ के लिखे पन्द्रह-बीस पृष्ठों से ज्यादा न हो। यदि किसी भी वजह से आप नहीं लिख पाते हैं तो अपने किसी मित्र से कहिए, वह अपने बारे में लिखकर भेज दे लेकिन समय सीमा के भीतर।'

मैं काफी पसोपेश में था। कुछ समझ में भी नहीं आ रहा था कि क्या करूँ? 15 जनवरी जैसे-जैसे नजदीक आ रही थी, मेरी बेचैनी बढ़ रही थी। लिखने के लिए जिस मूड की जरूरत थी वही नहीं बन पा रहा था। शायद अपने बारे में लिखना मेरे लिए आसान नहीं था। अचानक राजकिशोर जी का एक और पत्र आ गया था, 'आप यदि 20 जनवरी तक नहीं भेज पाए तो छोड़ दीजिए, फिर उसे हम पुस्तक में शामिल नहीं कर पाएँगे।'

इस पत्र ने अनजाने में जैसे मेरे सामने एक बहुत बड़ा चैलेंज रख दिया था। अचानक जैसे मेरे भीतर उत्साह और ऊर्जा का स्रोत फूट पड़ा था। उस रात मैंने एक बैठक में बीस-पच्चीस पृष्ठ लिख डाले थे। ऐसा मेरे साथ पहली बार हुआ था कि एक बैठक में मैंने इतना लिखा हो। उस रात लिखे हुए को मैंने दुबारा नहीं पढ़ा था। शायद पढ़ने का हौसला भी मेरे पास नहीं बचा था। मुझे लगा था जैसे मैं एक दहकती नदी में तैर रहा हूँ, जिससे बाहर आने का मेरे पास कोई किनारा नहीं है।

सुबह उठते ही मैं दैनिक कार्यों में लग गया था। रात में जो कुछ भी लिखा, उसे देखने की मैंने कोशिश भी नहीं की थी। वे कागज मुझे बेहद डरावने लग रहे थे। ऑफिस जाने की जल्दी में मैंने उन्हें हड़बड़ी में उठाकर बैग में रख लिया था और ऑफिस पहुँचते ही सबसे पहला काम जो मैंने किया, लिखे हुए कागजों को एक लिफाफे में ठूँसकर बन्द कर दिया था। लिफाफे पर राजकिशोर जी का पता लिखते हुए मेरा मन आशंकित था। पता नहीं इन कागजों पर आड़ी-तिरछी हस्तलिपि में जो भी लिखा है उसे राजकिशोर जी कैसे लेंगे। पहले मसौदे की बहुत सारी अशुद्धियाँ भी होंगी, जिन्हें ठीक करने का मेरे पास उस वक्त हौसला ही नहीं बचा था। सब कुछ बेहद पीड़ादायक था। बिना देर किए मैंने उस लिफाफे को पत्र-पेटी के हवाले कर दिया था।

पत्र-पेटी में लिफाफा डालने के बाद, जैसे मैं एकदम सामान्य हो गया था, जैसे कुछ हुआ ही नहीं और अपने कार्यालय के काम में व्यस्त हो गया था। पाँच-छह दिन बाद राजकिशोर जी का पत्र आ गया था, जिसमें उन्होंने पूछा था, 'क्या यह सब सच है? जो नाम इसमें आए हैं, यदि वे जीवित हैं तो क्या आप उन्हें बदलना चाहेंगे?' मैंने उनको लिख दिया था, 'जो कुछ भी मैंने लिखा है, वह सच है और नाम भी सभी सच हैं। उन्हें बदलने की कोई आवश्यकता नहीं है।' उन्होंने यह भी लिखा था, 'इसे हम छाप रहे हैं, कहीं दूसरी जगह छपने के लिए न भेजें।'

पुस्तक बहुत जल्दी छपी थी, जिसमें सबसे पहले मेरा ही लिखा

हुआ मैटर छपा था, 'एक दलित की आत्मकथा'। पुस्तक के पहले ग्यारह पृष्ठों में छपा। यह मेरे जीवन की गहन यातना का चित्र उपस्थित करता है। पुस्तक छपते ही पाठकों के पत्रों का सिलसिला शुरू हो गया था। दूर-दराज बैठे पाठकों को यह सब झकझोर रहा था। पाठकों की इतनी निकटता मैंने पहली बार अनुभव की थी। कई पाठकों ने लिखा था, इसे पूरा कीजिए, यह आपकी व्यथा-कथा नहीं हम सबकी है। हिन्दी में यह पहली बार पढ़ने को मिली है...पाठकों के इस आग्रह को मैंने गम्भीरता से लिया था लेकिन फिर से इस यातना को भोगने के लिए मेरी हिम्मत जवाब दे रही थी। पत्रों का सिलसिला लगातार जारी था। ज्यादातर पत्र में वही आग्रह, इसे पूरा करें। जब भी कोई इस तरह का पत्र आता, मैं अन्दर ही अन्दर गहरे अवसाद से भर जाता। इसी पसोपेश में कई महीने निकल गए थे। अचानक 'राधाकृष्ण प्रकाशन' के निदेशक अशोक महेश्वरी जी का पत्र मिला, 'वाल्मीकि जी! आपकी आत्मकथा के कुछ अंश पढ़ने को मिले। इसे पुस्तक रूप में कब तक पूरा कर लेंगे? हम छापने के इच्छुक हैं।'

मैंने कभी सोचा भी नहीं था कि 'राधाकृष्ण प्रकाशन' से इस तरह का कभी मुझे पत्र भी मिलेगा। यह पत्र मेरे लिए अर्थवान था क्योंकि काफी कोशिशों के बाद भी किसी अच्छे प्रकाशक ने मेरी पुस्तकें छापने में कोई रुचि नहीं दिखाई थी। मैंने उन्हें लिख दिया था, 'थोड़ा-सा इन्तजार करें, मैं जल्दी ही आपको पांडुलिपि भेज रहा हूँ।'

इस तरह मुझे फिर एक बार जीवन के उन गहन दंशों से गुजरना पड़ा था, जिन्हें भोगकर मैं यहाँ तक पहुँचा था। सचमुच 'जूठन' लिखना मेरे लिए किसी यातना से कम नहीं था। 'जूठन' के एक-एक शब्द ने मेरे जख्मों को और ज्यादा ताजा किया था, जिन्हें मैं भूल जाने की कोशिश करता रहा था।

उन्नीस सौ नब्बे का दशक गहरी उथल-पुथल का था, बाबरी मस्जिद को जमींदोज करने की घटना, साम्प्रदायिक उन्माद, जातीय दंगे, धार्मिक दंगे, मंडल आयोग, पिछड़े वर्गों की लामबन्दी, जातीय ध्रुवीकरण, आरक्षण विरोध, आत्मदहन की घटनाएँ, उत्तराखंड आन्दोलन आदि राजनीति ही नहीं सामाजिक जीवन को भी प्रभावित कर रही थीं। मंडल आयोग ने उत्तराखंड को ज्यादा ही प्रभावित किया था। यहाँ मंडल आयोग का विरोध बड़े पैमाने पर हुआ था, जिसकी आँच समूचे पर्वतीय क्षेत्र को अपनी चपेट में ले चुकी थी, जिसमें दलितों के विरुद्ध माहौल उग्र होने लगा था। मंडल आयोग से जिस वर्ग को लाभ होना था, वह चुप्पी साधे बैठा था। गाज दलितों पर गिर रही थी। आरक्षण विरोधी आन्दोलन अलग राज्य की माँग में परिवर्तित हो गया था, जिसमें स्थानीय राजनीतिक दलों के साथ राष्ट्रीय राजनीतिक दल भी शामिल हो गए थे। दलितों को डराया-धमकाया जाने लगा था। मुझे लगातार धमकियाँ मिलने लगी थीं, कभी फोन पर तो कभी चिट्ठी के द्वारा। ये चिट्ठियाँ बन्द लिफाफे में अकसर कार्यालय के पते पर ही आती थीं। मैंने ये पत्र अपने प्रशासनिक अधिकारी संयुक्त महाप्रबन्धक आर.के. शर्मा जी को दिखाए थे। उन्होंने आश्वासन दिया था कि वे इसे पुलिस अधिकारियों की जानकारी में देंगे ताकि वे इस पर कोई कार्रवाई करें लेकिन माहौल ही ऐसा बना हुआ था कि कोई कुछ नहीं कर सकता था। फिर भी मैंने अपनी ओर से रायपुर पुलिस थाने में एफ.आई.आर. दर्ज कराई थी। जब मेरे परिवार के लोगों को यह सब पता चला तो वे काफी चिन्तित होने लगे थे।

दलित संस्थाओं के कार्यकर्ताओं की राय थी कि कुछ समय के लिए आप अपनी गतिविधियाँ बन्द कर दें ताकि कोई अवांछित घटना न हो जाए लेकिन मैंने सभी से एक ही बात कही थी कि राज्य आन्दोलन से मेरा विरोध नहीं है। सिर्फ यह कहना चाहता हूँ कि दलितों को मिलनेवाले संवैधानिक आरक्षण पर आन्दोलनकारियों का स्टैंड क्या है?

कुछ वामपन्थी साथी मेरे पास आए थे। उनका आग्रह था कि

अलग राज्य आन्दोलन में आप हमारे साथ आएँ। मैंने उनसे भी यही कहा था कि यह आन्दोलन आरक्षण विरोध से शुरू हुआ है। वामपन्थी दल भी क्या आरक्षण के विरोध में हैं? आप अपनी पार्टी की नीति स्पष्ट करें। एक मीटिंग में मुझे बुलाया गया था इस आश्वासन के साथ कि वहाँ सिर्फ अलग राज्य की माँग पर ही चर्चा होगी, आरक्षण विरोध पर कोई बात नहीं होगी। मैं उस मीटिंग में गया था। अपने मित्र विजय शर्मा के बुलावे पर मैं उसमें शामिल हुआ था लेकिन जैसे ही मीटिंग शुरू हुई, प्रत्येक वक्ता आरक्षण विरोध के मुद्दे को ही उठा रहा था। मैंने विजय शर्मा से कहा, ''कॉमरेड, मैं जा रहा हूँ, आपके सभी कार्यकर्ता यदि आरक्षण के विरोध में हैं तो मैं इसमें शामिल नहीं हो सकता।'' और मैं उठकर बाहर आ गया था। कुछ कार्यकर्ताओं ने मुझे रोकने की भी कोशिश की थी लेकिन मैंने साफ तौर से कहा था, ''राज्य अलग बनाएँ, यह आपका लोकतांत्रिक अधिकार है, जहाँ तक इस राज्य के विकास का मसला है, वहाँ तक मैं आपके साथ हूँ लेकिन यदि दलितों के अधिकारों को आप छीनने की कोशिश कर रहे हैं तो मैं आपके साथ नहीं हूँ।'' इस घटना के बाद मेरा एक पत्र 'हंस' में छपा था, जिस पर मैंने वामपन्थी दलों की दोहरी नीतियों पर अपने विचार लिखे थे। उस पत्र को पढ़कर अवधेश कुमार मुझसे बहुत खफा हुए थे और ऐसा कोई अवसर हाथ से नहीं जाने देते थे, जहाँ वे मेरे खिलाफ अनर्गल प्रलाप न करते रहे हों। उनके इस कार्य में हरजीत भी मेरे विरुद्ध हो गए थे बल्कि अवधेश से एक कदम और आगे बढ़ाकर उस संस्था 'अस्मिता अध्ययन केन्द्र' के खिलाफ भी मोर्चा खोल लिया था, जिसे हम लोग देहरादून में चला रहे थे।

चकराता रोड पर एक छोटा-सा रेस्टोरेंट है—'टिप-टॉप' जिसे गुप्ता जी चलाते हैं। यह एक अड्डा था, शहर के लिखने-पढ़नेवालों, रंगकर्मियों, संगठनों के कार्यकर्ताओं का। अकसर लोग वहाँ दिन भर बैठे रहते थे। लम्बी-लम्बी बहसें होती थीं, मिलना-जुलना तो होता ही था। मैं अकसर शनिवार को तीन से पाँच के बीच वहाँ जाता था।

हरजीत को यह पता था इसलिए उसने शनिवार के दिन एक पोस्टर वहाँ लगाया हुआ था—'भंगी-मा' संस्था में आपका स्वागत है। जब मैं 'टिप-टॉप' में पहुँचा, अन्दर से बहुत जोर-जोर से हँसने की आवाज आ रही थी। यह आवाज बाहर सड़क तक सुनाई पड़ रही थी लेकिन मुझे देखते ही वे सब अचानक चुप हो गए थे। जब मेरी नजर पोस्टर पर पड़ी तो उसे ध्यान से देखा, उस वक्त हरजीत वहाँ बैठा हुआ था और ऐसे दिखाने की कोशिश कर रहा था जैसे इस पोस्टर से उसका कोई लेना-देना नहीं था। इससे पूर्व भी अनेक पोस्टर मैंने देखे थे जो हरजीत ने बनाए थे। हरजीत के हाथ से खींची रेखाओं से मैं अच्छी तरह परिचित था। मैंने हरजीत की प्रशंसा की, 'मान गए गुरू! क्या दूर की कौड़ी फेंकी है, तुम्हारी प्रतिभा देखकर तो कोई भी कायल हो जाएगा।' हरजीत ने सफाई देने की कोशिश की थी, 'नहीं, यह मेरे दिमाग की उपज नहीं है।' माहौल गरमाने लगा था। मैंने भी तय कर लिया था कि आज हरजीत को उसकी औकात बतानी है। अचानक हरजीत उठकर जाने लगा था। मैंने उसे रोक और कहा, 'पोस्टर बनानेवाले ने नीचे अपना नाम नहीं लिखा है, चलो कोई बात नहीं, मैं लिख देता हूँ। उसे पढ़कर ही जाना।' हरजीत ठिटक गया था। जितने लोग वहाँ बैठे थे, किसी अवांछित घटना की आशंका से विचलित दिख रहे थे। उनकी थोड़ी देर पहले की हँसी गायब हो चुकी थी। मैंने पेन निकाला और पोस्टर के नीचे लिखा—'सरदार हूँ...पर लोग मुझे तरखाण कहते हैं, फिर भी मैं उनके तलवे चाटता हूँ।'

यह लिखते ही हरजीत बिफर उठा था। मैं भी इसके लिए तैयार था। मैंने कहा, 'हरजीत! गलत पाँत में खड़े हो इसलिए कि झूठ को आदर्श मान लिया है तुमने।' उसने कुछ बोलने की कोशिश की थी, 'बस इससे आगे कुछ मत कहना...वरना मैं वह सब कर सकता हूँ जो एक लेखक को नहीं करना चाहिए...आप बाध्य करेंगे तो मैं कर सकता हूँ।' अचानक हरजीत ने उस पोस्टर को फाड़कर बाहर नाली में फेंक दिया था। काउंटर पर बैठा गुप्ता मन्द-मन्द मुस्कुरा रहा था।

जबलपुर

नवम्बर, 1998 में मेरे तबादले का आदेश तोप गाड़ी फैक्टरी (जी.सी.एफ.) जबलपुर के लिए आ गया था। उन दिनों मैं पारिवारिक समस्याओं में उलझा हुआ था। सास-ससुर की तबीयत तो खराब चल ही रही थी, चन्दा का इलाज भी चल रहा था। वह अस्थमा से पीड़ित थी, यानी कुल मिलाकर मैं उस समय तबादले पर जाने की स्थिति में नहीं था। मैंने काफी कोशिश की थी कि किसी तरह यह तबादला रुक जाए। इस तबादले से मुझे एक पदोन्नति मिलने वाली थी, मैं उसे भी छोड़ने के लिए तैयार था लेकिन ऑर्डनेंस फैक्टरी बोर्ड के चेयरमैन का सख्त आदेश था कि जिनके तबादले हुए हैं, उन्हें तत्काल अपनी नई जगह जाकर नया पद सँभालना है।

जब मेरे तबादले की खबर मेरे सास-ससुर को लगी तो वे काफी परेशान हो गए थे। मैंने उन्हें समझाने की कोशिश की, हमारे साथ जबलपुर चलो, जो भी सुख-दुख होगा, एक साथ रहेंगे। हमारी चिन्ता भी दूर हो जाएगी कि आप लोग यहाँ अकेले हैं लेकिन ससुर जी को यह गवारा नहीं था। वे बार-बार यह कहते रहे, 'अपनी माँ को ले जाओ, मैं तो यहीं रहूँगा।' जबकि देहरादून में इतने वर्ष रहने के बाद भी उनके पास अपनी कोई सम्पत्ति नहीं थी। फिर भी वे अजीब तरह का मोह पाले बैठे थे। देहरादून छोड़ने के लिए तैयार नहीं थे। उन्हें समझाने की मेरी तमाम कोशिशें नाकाम हो गई थीं। वे दिन मेरे लिए गहरी निराशा के दिन साबित हो रहे थे। मैं मानसिक द्वन्द्व से गुजर रहा था।

अन्त में, काफी जद्दोजहद और सोच-विचार के बाद मुझे जबलपुर जाने का निर्णय लेना पड़ा। यह तय हुआ कि अभी मैं जाकर ज्वाइन कर लेता हूँ, रहने की ठीक से व्यवस्था हो जाने पर घर-गृहस्थी का सामान बाद में ले जाएँगे। चन्दा कुछ दिन अपने माता-पिता के साथ रहेगी। इस बीच यदि इन लोगों का मन बदल जाए तो उन्हें भी लेकर जबलपुर आ जाएँगी।

मैंने 30 नवम्बर, 1998 को जी.सी.एफ. जबलपुर में अपना नया पद ग्रहण कर लिया था। इस फैक्टरी में एक बार पहले भी मेरी पोस्टिंग हुई थी लेकिन मात्र एक सेप्ताह ही मैं वहाँ रह पाया था। विभागीय प्रशिक्षण की परीक्षा में चयनित होकर मैं अम्बरनाथ (मुम्बई) आ गया था। यह जुलाई, 1970 की बात थी। मैंने ज्वाइन तो कर लिया था लेकिन एक सप्ताह से ज्यादा हो गया था, मुझे कोई अनुभाग नहीं दिया गया था। उस समय वहाँ महाप्रबन्धक के पद पर पी.के. मिश्रा जी थे और संयुक्त महाप्रबन्धक (प्रशासन) एन.के. वार्ष्णेय जी थे। जब उनसे परिचय हुआ तो उन्होंने मेरे सरनेम को लेकर भी कई प्रश्न मुझसे किए थे और मेरी योग्यता, अनुभव आदि को ताक पर रखकर वार्ष्णेय जी ने एक ऐसा अनुभाग मुझे सौंपा था जिसके बारे में मैंने कभी कल्पना भी नहीं की थी। शायद यह सब मेरे 'वाल्मीकि' सरनेम की बदौलत ही मुझे दिया गया था। मेरा तकनीकी ज्ञान इस सरनेम के कारण, एक बार फिर से कहीं पीछे धकेल दिया गया था। एक ऐसा अनुभाग जो पूरी आवासीय कॉलोनी की साफ-सफाई से लेकर सीवेज आदि के काम को देखता था। उस अनुभाग में सौ से ज्यादा सफाईकर्मी और इतने ही श्रमिक थे। कॉलोनी में एक बाजार भी था जिसमें दुकानदारों से दुकानों का किराया वसूलने का काम होता था, जो एक बेहद जटिल काम था। ऐसे अनेक दुकानदार वहाँ थे जिन्होंने कई वर्ष से किराया नहीं दिया था। बाजार की गुंडागर्दी अलग थी, जिससे जूझना एक मुसीबत थी। कभी-कभी तो सिर फुटव्वल की भी नौबत आ जाती थी।

इसी फैक्टरी में मेरे एक पुराने मित्र राजेश वाजपेयी भी थे, जो मेरे साथ मुम्बई में हॉस्टल के साथी थे। उसने मजाक में कहा था, "क्यों प्यारे! क्या प्रतिक्रिया है इस पद को ग्रहण करने पर?...कुछ मत कहना। तुम चाहे जितने बड़े लेखक, बुद्धिजीवी बन जाना, हमारी बनाई व्यवस्था घुमा-फिराकर तुम्हें यही अहसास कराती रहेगी कि तुम्हारी असली जगह क्या है! मेरी मानो, चुपचाप बिना कुछ कहे अपने ऑफिस में

बैठो और सरकारी काम के साथ-साथ उस अनुभाग में कार्यरत सफाईकर्मियों को जीने का सलीका सिखाओ। यह मानकर कि चाहे किसी भी मानसिकता के तहत तुम्हें वहाँ भेजा गया है लेकिन सही भेजा गया है, यह सिद्ध कर दो।"

मेरा यह मित्र राजेश वाजपेयी मजाक-मजाक में बात तो पते की कह गया था लेकिन उस समय मैं जिस मानसिक पीड़ा से गुजर रहा था, वहाँ मैं कुछ ज्यादा सोच नहीं पा रहा था। मुझे लग रहा था कि यह सब जो हो रहा है, वह ठीक नहीं है। यदि मुझे यही सब करना था तो इतनी पढ़ाई-लिखाई की जरूरत ही क्या थी...इसी द्वन्द्व में फँसकर मैं राजेश वाजपेयी की बात को ठीक से ले नहीं पा रहा था।

मैंने कहा, "राजेश! पता नहीं क्यों बार-बार मुझे यह अहसास कराया जाता है कि मेरा जन्म किस घर में हुआ है, क्या कभी मुझे इस अभिशाप से मुक्त नहीं होने दिया जाएगा?"

मेरे अन्तस् में धधक रहे अंगारों की आँच राजेश वाजपेयी को छू गई थी।

उसने मुझे अपने सीने से लगाते हुए कहा, "यार! यह सरकारी नौकरी है, इतना सीरियस क्यों हो रहे हो, काम शुरू करो। तुम्हारी काबिलीयत स्वयं बोलेगी और देखना फैक्टरी प्रशासन ज्यादा दिन तुम्हें वहाँ नहीं रख पाएगा, कोई न कोई बड़ा और जिम्मेदारी का काम तुम्हें सौंपा जाएगा। यह एक बहुत बड़ी फैक्टरी है, यहाँ महत्त्वपूर्ण उत्पादन होता है। वे एक अच्छे और काबिल अधिकारी को किसी ऐसे काम में नहीं रख पाएँगे, जहाँ उसके अनुभव और उसके ज्ञान का सही इस्तेमाल न हो रहा हो।" कहते हुए राजेश वाजपेयी ने मेरा हौसला बढ़ाया था।

राजेश वाजपेयी ने मुझे शान्त करने के लिए कहा, "मैं खुद महाप्रबन्धक के इस फैसले से दुखी हुआ हूँ कि तुम्हें ऐसा काम दिया गया है जबकि तुम्हें तो किसी रिसर्च या विकास कार्य से जोड़ना चाहिए था, जहाँ तुम्हारे अनुभव का लाभ फैक्टरी को मिलता।"

"यह काम महाप्रबन्धक का नहीं है। यह तो संयुक्त महाप्रबन्धक का है, जिसे मेरे इस सरनेम की अच्छी जानकारी है क्योंकि वह मेरे ही क्षेत्र से है, इसलिए उसने मुझे जान-बूझकर इस काम में लगाया है—अधिकारी बन गए हो तो सँभालो इन सफाई कर्मचारियों को।" मैंने अपने मन में उठती शंकाओं को जाहिर किया।

"अरे, यह साला तो महा कमीना है...लेकिन मेरी यह राय है कि तुम इस बारे में सोचना बन्द करो...शायद इसी में कुछ बेहतर छिपा है। तुम तो यार समाजसेवी हो...यही मानकर चलो कि अनजाने में तुम्हें समाज-सेवा का अवसर दिया गया है, वह भी सरकारी समय में। यह एक मौका है लोगों के बीच जाकर काम करने का और मुझे विश्वास है, यह तुम कर पाओगे...उन्हें जीना सिखा दो। फिर देखना इस निर्माणी में एक नया परिवर्तन दिखाई देगा...क्या तुम्हारे जीवन का यही मिशन नहीं था...या तुमने भी अपना रास्ता बदल लिया है।"

वाजपेयी ने जैसे मेरी मन की बात को ठीक से समझा था। उसकी इस बात से मुझे एक नई रोशनी मिली थी। मैंने उसका हाथ अपने हाथ में लेते हुए कहा, "शायद तुम ठीक कह रहे हो...मुझे इस पोस्टिंग को इसी रूप में लेना चाहिए...थैंक्स यार! तुमने मेरी आन्तरिक पीड़ा से मुझे बाहर निकालने में मदद की है।"

अनुभाग में पद ग्रहण करने से पहले मैंने छुट्टियों के लिए आवेदन कर दिया था ताकि चन्दा भी यहाँ आ जाए तो ठीक रहेगा। सरकारी आवास मुझे मिल गया था इसलिए घर-गृहस्थी का सामान भी शिफ्ट करना था।

जैसे ही मैं देहरादून पहुँचा, अचानक महेन्द्र वशिष्ठ का फोन आया था, वे जबलपुर की ऑर्डनेंस फैक्टरियों के ज्वाइंट कंट्रोलर ऑफ डिफेंस एकाउंट्स थे और जी.सी.एफ. में ही उनका कार्यालय था। जैसे ही मेरी ड्यूटी ज्वाइन करने का आदेश उनके पास पहुँचा तो उन्होंने संयुक्त महाप्रबन्धक (प्रशासन) एन.के. वार्ष्णेय जी को फोन किया, "यह जो ओमप्रकाश वाल्मीकि ने अभी-अभी ज्वाइन किया है, क्या

यह देहरादून से आए हैं ?''

''हाँ, क्यों ? क्या बात है ?'' एन.के. वार्ष्णेय जी ने सवाल किया।

''आपने उन्हें कहाँ पोस्ट किया है...सफाई के काम में... ?'' महेन्द्र वशिष्ठ ने कहा।

''क्यों सर!...फिर कहाँ करता...यह तो उनके लिए सबसे सही जगह है... ?'' एन.के. वार्ष्णेय जी ने व्यंग्य से कहा।

''आपको पता है...वे एक चर्चित कथाकार, कवि और आलोचक हैं।'' महेन्द्र वशिष्ठ ने उनको बताया।

''क्या ?...'' एन.के. ने आश्चर्य व्यक्त किया।

''वे इस समय हैं कहाँ ?...मेरी उनसे बात कराओ...।'' महेन्द्र वशिष्ठ ने कहा।

''वे तो देहरादून गए हैं...फैमिली लाने...जनवरी में लौटेंगे।'' एन.के. वार्ष्णेय जी ने कहा।

''उनका कोई कॉन्टैक्ट नम्बर हो तो दीजिए।'' महेन्द्र वशिष्ठ ने कहा।

वहाँ से नम्बर लेकर उन्होंने मुझे फोन किया था, ''चिन्ता मत करो...मैं यहाँ हूँ इस हरामी एन.के. वार्ष्णेय जी को मैं सबक सिखाऊँगा...तुम आ कब रहे हो ?...''

''जी, मैं 10 जनवरी की सुबह पहुँच रहा हूँ...उसके साथ ही ट्रक भी निकलेगा। उम्मीद है वह भी समय पर पहुँच जाएगा...।'' मैंने कहा।

''मुझे फोन करना, सामान उतारने में लेबर्स की जरूरत पड़ेगी, उनका इन्तजाम मैं कर दूँगा।'' महेन्द्र वशिष्ठ ने कहा।

महेन्द्र वशिष्ठ एक व्यंग्य कथाकार के रूप में जाने जाते थे। उनका एक कथा-संग्रह भी आ चुका था। उनसे कभी मुलाकात तो नहीं हुई थी लेकिन उनके नाम और लेखन से मैं अच्छी तरह परिचित था। यह जानकर अच्छा लगा था कि वे जी.सी.एफ. में ही बैठते हैं। मिलने-जुलने की सम्भावना बढ़ गई थी।

जी.सी.एफ. में रहते हुए उनसे काफी घनिष्ठ सम्बन्ध बन गए थे।

हर रोज मुलाकात होती थी। घरेलू स्तर पर भी दोनों परिवारों के बीच निकटता बढ़ गई थी। बाद में उनका तबादला दिल्ली हो गया था तो सम्पर्क भी कम हो गया था। उसके बाद एक बार ट्रेन में मिले थे। फिर काफी लम्बे समय से मुलाकात नहीं हुई।

जी. सी.एफ. इस्टेट का कार्यभार मैंने सँभाल लिया था। पहले दिन का अनुभव चौंकानेवाला था। जब मैं अपने ऑफिस पहुँचा तो बाकायदा मेरे नाम की पट्टी दरवाजे के बाहर लगी हुई थी और पूरा स्टाफ बरामदे में भीड़ लगाए खड़ा था। बाहर लेबर और सफाईकर्मी पंक्तिबद्ध खड़े थे। अजीब दृश्य था। इतनी लम्बी नौकरी में यह दृश्य किसी भी फैक्टरी में देखने को नहीं मिला था। अपने ऑफिस के सामने इतने लोग देखकर मैं चौंका था।

मैंने वहाँ खड़े स्टाफ से पूछा, ''ये भीड़ किसलिए?''

''आपसे मिलने के लिए खड़े हैं सर!...आपका स्वागत करना चाहते हैं।'' एक सीनियर स्टाफ ने कहा।

''इनसे कहो, अपने-अपने कार्यस्थल पर जाएँ, मैं वहीं आकर इनसे मिलना चाहूँगा।'' कहकर मैं अपने ऑफिस में आ गया था। जैसे ही सीट पर बैठा, एक-एक करके सभी आने लगे और मेरे पाँव छूने का कार्यक्रम शुरू हो गया। मेरे लिए यह एक अजीब स्थिति थी। उसमें महिलाओं की संख्या भी बहुत ज्यादा थी। अचानक एक बुजुर्ग महिला अन्दर आई, पाँव छूकर बोली, ''आपके बारे में बहुत सुना है, आज देख लिया तो बहुत अच्छा लगा, यह बहुत खुशी की बात है कि आप हमारे अधिकारी हैं।''

मैं बाहर आ गया था। सभी वहाँ मौजूद थे। मैंने कहा, ''कल से कोई भी यहाँ पाँव छूने नहीं आएगा। सभी अपनी हाजिरी लगाकर सीधे अपने कार्यस्थल पर जाएँगे। हाँ, किसी की कोई समस्या है, वह सुबह मुझसे मिलने जरूर आ सकता है। आप एक सरकारी नौकर हैं, उसी

तरह मैं भी उसी सरकार का नौकर हूँ। यह एक अलग बात है कि आप सफाईकर्मी या लेबर हैं और मैं एक अधिकारी हूँ। कल से कोई किसी के भी पाँव नहीं छूने आएगा, न मेरे, न किसी स्टाफ के...यदि ऐसा कोई करता है तो मैं उसे अनुशासनहीनता मानूँगा, आप अपना काम ठीक से करें, ईमानदारी से करें, आपकी कोई समस्या है, मुझे बताएँ। अब आप अपने काम पर जाएँ।''

मेरी बात सुनकर वे काफी निराश हुए थे। उनमें खुसुर-फुसुर शुरू हो गई थी लेकिन वे वहाँ से चले गए थे। मैंने स्टाफ को भी बुलाकर यह हिदायत दी थी कि कल से किसी भी कर्मचारी को, चाहे वह सफाईकर्मी है या लेबर, पाँव छूने के लिए प्रोत्साहित नहीं करेगा। यदि ऐसा हुआ तो जिम्मेदारी स्टाफ की ही होगी। मुझे यह सब बिलकुल पसन्द नहीं है।

मेरे ज्वाइन करने की सूचना जी.सी.एफ. के दुकानदारों को भी मिल चुकी थी। वे भी एक-एक करके आने लगे थे। उन्हें भी मैंने यही कहकर वापस लौटाया, ''आपसे मिलने मैं आपकी दुकान पर ही आऊँगा, यहाँ आप उसी वक्त आएँ, जब आपकी कोई समस्या हो, मुझे ये पाँव छूने जैसी औपचारिकताएँ पसन्द नहीं हैं, न मैं इन सबका अभ्यस्त हूँ, मुझे यह सब सामन्ती तौर-तरीके लगते हैं, अतः ध्यान रहे, आप मुझे उलझन में नहीं डालेंगे।''

उन सबके लिए यह रोजमर्रा का काम था, जैसे उनके खून में यह सब घोल दिया गया था। मेरी बातों ने उनके मन में एक अजीब तरह की खामोशी भर दी थी। वे वापस जरूर जा रहे थे लेकिन खुश नहीं थे। हैरानी से मुझे देख रहे थे। शायद इससे पहले उन्हें जो लोग मिले थे, वे सब इनसे इस तरह का व्यवहार चाहते रहे होंगे।

सुबह का वक्त था। मैं अपने ऑफिस में अभी पहुँचा ही था कि मेरे गुरुवर्य, बड़े भाई—प्रकाश काम्बले जी, जो ऑर्डनेंस फैक्टरी, अम्बाझरी, नागपुर में संयुक्त महाप्रबन्धक के पद पर थे, अचानक मेरे ऑफिस में आ गए थे। मैं उन्हें देखकर चौंका, अचानक वह भी बिना

किसी सूचना के। इससे पहले कि मैं कुछ कहता, वे स्वयं ही कहने लगे, "तुम्हारी ज्वाइनिंग की खबर मुझे मिल गई थी इसलिए चला आया...सब ठीक तो है?...चन्दा कैसी है?"

"जी, सब ठीक है। चन्दा भी ठीक है। आज सुबह ही कह रही थी कि आपका एक भाई इसी फैक्टरी में है, पता करना।" मैंने कहा।

"हाँ, मैं सीधे यहीं आ रहा हूँ, अभी घर नहीं गया हूँ। उससे कहूँगा कि वह तुमसे आकर मिले।" काम्बले जी ने कहा।

"बाकी तो सब ठीक है लेकिन यह जो सेक्शन मिला है, अच्छा नहीं लग रहा है।" मैंने दबे स्वर में अपने मन की पीड़ा व्यक्त की।

वे तपाक से बोले, "पागल मत बनो, इससे तुम्हें क्या फायदा होनेवाला है, उसके बारे में सोचो। फैक्टरी के अन्दर यदि कोई उत्पादन विभाग तुम्हें मिल जाता तो सिर्फ उत्पादन के झंझटों में ही फँसे रहते। जबलपुर में तुम्हें कोई जान भी नहीं पाता। अब यहाँ बैठकर आराम से फैक्टरी का भी काम करो और अपने सम्पर्कों को भी बढ़ाओ। तुम्हारे साहित्यिक मित्र दिन में तुमसे मिलने फैक्टरी में नहीं आ सकते थे। यहाँ आराम से आ सकते हैं। कोई सिक्योरिटी भी उन्हें यहाँ आने से नहीं रोकेगी क्योंकि यहाँ तुम्हारे पास पब्लिक सेवा का काम है, जिसमें कोई भी आ सकता है इसलिए फालतू की बातें दिमाग से निकालकर अपने काम में मन लगाओ। तुम खुद देखोगे कि सब लोग तुम्हें किस तरह इज्जत दे रहे हैं और तुम्हारे परिचय का दायरा कितनी तेजी से बढ़ रहा है...खैर छोड़ो, चन्दा को बता देना, लंच मैं तुम लोगों के साथ ही करूँगा। तुम्हारे स्कूटर की चाबी कहाँ है। मुझे दो, मैं घर होकर अभी आता हूँ। यहीं मिलना मुझे।"

यह कहते हुए वे उठकर खड़े हो गए थे। मैंने स्कूटर की चाबी उन्हें दे दी थी।

उनके शब्दों ने मुझे एक नई ऊर्जा दी थी और अपने काम को पूरे मन से करने लगा था।

जबलपुर के साहित्यकारों को भी यह खबर मिल गई थी कि मैं जी.सी.एफ. में आ गया हूँ। सबसे पहले मुझे खोजते हुए कथाकार रमेश सैनी आए थे, फिर चर्चित कहानीकार, रंगकर्मी राजेन्द्र दानी, देवेश चौधरी 'देवेश' आए थे। देवेश चौधरी ही मुझे जगदीश भाटिया जी असंग घोष के ऑफिस लेकर गए थे। यानी प्रकाश काम्बले जी की सलाह सही सिद्ध होने लगी थी। दिल्ली के सुभाष गताड़े जी भी मिलने आए थे। फैक्टरी के बाहर चाय की दुकान के सामने पड़ी बेंचों पर हमने काफी देर बैठकर गपशप की थी। साथ ही जबलपुर के कट गिलासों में चाय की चुस्की लेते हुए उस वातावरण का आनन्द लिया था। दुकानदार बार-बार मेरे लिए कुर्सी लाकर रख रहा था लेकिन मैंने उसे समझाया, "भाई ! मुझे इस बेंच पर बैठकर चाय-पकौड़ी खाने दो, भूल जाओ कि इस बजरिया का मैं अधिकारी हूँ। मुझे भी एक साधारण जीवन का आनन्द लेने दो।"

दुकानदार को हमारी ये बातें अजीब लग रही थीं। सुभाष गताड़े के साथ मेरी यह मुलाकात बेहद सुखद थी।

देहरादून से मेरा सामान ट्रक से आया था। विजय गौड़ ट्रक के साथ आए थे। सामान उतर जाने के बाद विजय ने कहा, "भाई साहब ! मुझे कल ही वापस जाना है, अगर सम्भव हो तो आज समय निकालकर ज्ञानरंजन जी से मिलने चलें।"

मैंने कहा, "विजय! तुम ट्रक के साथ आए हो, थके हुए हो, एक-आध दिन रुक जाओ, थोड़ा आराम भी मिल जाएगा। जबलपुर में थोड़ा घूम-फिर लेना।"

लेकिन वह नहीं माना, कहने लगा, "कल ही निकलना है, आज कोशिश करो, किसी तरह ज्ञान जी से मुलाकात हो जाए तो।"

हम दोनों ज्ञानरंजन जी से मिलने उनके निवास पर गए थे। ज्ञान जी बेहद आत्मीयता से मिले थे।

उन्होंने कहा था, "वाल्मीकि जी ! आप जबलपुर आ गए हैं तो बहुत अच्छा लग रहा है। मैं व्यक्तिगत रूप से बेहद खुश हूँ। इस शहर

में आपका स्वागत है।''

मुझे भी जबलपुर आकर अच्छा लगा था। ढेर सारे मित्र मुझे मिल गए थे। कुछ पुराने परिचित तो कुछ नए भी थे।

ज्ञानरंजन जी से अकसर मुलाकात होने लगी थी। उन्होंने 'पहल' के दलित विशेषांक निकालने की योजना भी मेरे सामने रखी थी। साथ ही वे चाहते थे कि उस अंक का अतिथि सम्पादन मैं करूँ। मैंने यह प्रस्ताव स्वीकार भी कर लिया था लेकिन कुछ स्थितियाँ ऐसी बनीं कि वह योजना आगे नहीं बढ़ सकी। इसका मुझे अफसोस है।

कुन्दन सिंह परिहार जी जबलपुर के एक कॉलेज में प्रिंसिपल थे। उनसे मैं कॉलेज में ही मिला था। बेहद सरल, कम बोलनेवाले, लेकिन गहरी आत्मीयता से लबरेज व्यक्तित्व।

असंग घोष और देवेश चौधरी से मिलकर 'तीसरा पक्ष' पत्रिका की योजना बनाई थी, जिसकी जिम्मेदारी असंग घोष और देवेश चौधरी ने अपने ऊपर ले ली थी तथा उसकी तैयारी भी शुरू हो गई थी। जबलपुर में दलित साहित्य की यह एक उपलब्धि थी, जिसे देवेश चौधरी और असंग घोष ने बखूबी निभाने के लिए कड़ी मेहनत की थी। इसमें और भी कई साथी जुड़ गए थे।

वरिष्ठ कवि मलय जी से मुलाकात थोड़ा अलग अन्दाज में हुई थी। भोपाल में चार पीढ़ियों के कवियों का एक बड़ा आयोजन हो रहा था, जिसमें मुझे भी निमंत्रण मिला था। ज्ञानरंजन जी ने फोन करके बताया, ''जिस ट्रेन से आप भोपाल जा रहे हैं, उसी ट्रेन में मलय जी भी जा रहे हैं।''

मलय जी के कोच और सीट की जानकारी भी ज्ञान जी ने मुझे दी थी। ट्रेन शाम को थी। जैसे ही मैं निकलने की तैयारी कर रहा था कि चन्दा की तबीयत अचानक खराब होने लगी। कुछ देर मैं उनकी तीमारदारी

में लगा रहा लेकिन तबीयत में सुधार होने के बजाय और ज्यादा बिगड़ रही थी।

मेरे ही ब्लॉक में व्यास जी रहते थे। जब उन्हें पता चला कि मिसेज वाल्मीकि की अचानक तबीयत खराब हो गई है तो वे अपनी पत्नी के साथ आए और बोले, ''सर! आप भोपाल हो आएँ, इनको हम लोग सँभाल लेंगे।''

लेकिन मैं उन्हें इस तरह छोड़कर जाऊँ, मेरा मन नहीं माना। ट्रेन के छूटने में आधा घंटा बचा था। व्यास जी कहने लगे, ''सर! यदि जाना नहीं है तो टिकट क्यों खराब किया जाए, आप टिकट मुझे दीजिए, देखते हैं क्या हो सकता है।''

मैंने टिकट उन्हें दे दिया था। लगभग एक घंटे बाद व्यास जी वापस आ गए थे और टिकट के पैसे उन्होंने मुझे वापस कर दिए थे। इसी बीच राजेश वाजपेयी और भाभी जी भी आ गए थे। उस रात वे हमारे ही पास रहे थे। राजेश वाजपेयी होम्योपैथी के डॉक्टर थे। चन्दा को भी अकसर वे अपनी दवा देते रहते थे। उस रोज भी उनकी दवा से चन्दा को आराम मिला था और वह सो गई थी। मलय जी मुझे ट्रेन में खोज रहे थे लेकिन जब नहीं मिला तो भोपाल पहुँचकर मेरी तलाश की थी। आयोजकों ने बताया कि वे पहुँच नहीं पाए हैं, उनकी पत्नी का स्वास्थ्य अचानक खराब हो गया है। यह सुनकर मलय जी थोड़ा निराश हुए थे। इस घटना के बाद काफी समय तक न मैं मलय जी से मिल पाया, न मलय जी ही मिलने आ पाए।

एक रोज असंग घोष ने मलय जी से पूछा, ''वाल्मीकि जी से मुलाकात हुई या नहीं? उनको यहाँ आए तो अब काफी समय हो गया है।''

मलय जी की प्रतिक्रिया काफी निराशाजनक थी। उन्होंने नकारात्मक स्वर में असंग घोष से कहा, ''क्या मिलना, सुना है, बहुत घमंडी, मुँहफट, गाली-गलौच करनेवाले अहंकारी व्यक्ति हैं। किसी से सीधे मुँह बात ही नहीं करते हैं। ऐसे लोगों से मिलकर तो समय की बर्बादी ही होगी।''

उनकी इस टिप्पणी से असंग घोष को बुरा लगा था, ''मलय जी!

आपको यह सब किसने बताया? हमारी तो हर दूसरे दिन मुलाकात होती है। कभी उनके निवास पर तो कभी उनके ऑफिस में, या कभी मेरे ऑफिस भी आ जाते हैं। दलित बस्तियों में वे अकसर जाते हैं। वहाँ भी अच्छे से मिलते हैं बल्कि कभी-कभी तो लम्बी बैठकें भी होती हैं...जिसने भी आपको उनके बारे में फीडबैक दिया है...मुझे लगता है, वह व्यक्ति कभी वाल्मीकि जी से मिला नहीं है, उसने सुनी-सुनाई बातें आप तक पहुँचाई हैं। क्या ज्ञानरंजन जी की भी यही राय है?''

''नहीं, ज्ञान जी से इस विषय में कभी बात नहीं हुई है।'' मलय जी ने कहा।

''राजेन्द्र दानी जी से?'' असंग घोष ने प्रश्न किया।

''नहीं। हाँ, राजेन्द्र दानी जी ने एक बार बताया जरूर था कि वाल्मीकि जी का ऑफिस जी.सी.एफ. बजरिया में सतपूला के पास है। बस इतनी ही बात हुई थी।'' मलय जी ने असंग घोष को बताया।

''तब आप एक बार उनसे मिल लीजिए...फिर बात करेंगे।'' असंग घोष ने पूरे आत्मविश्वास के साथ मलय जी से निवेदन किया। साथ ही यह भी कहा, ''सुनी-सुनाई बातों पर विश्वास न करें...शायद नाइन्साफी होगी।''

रविवार का दिन था। अकसर रविवार को हम कभी सदर तो कभी बड़ा फव्वारा या किसी मित्र से मिलने निकल जाते थे। सुबह 10-11 बजे निकलकर शाम 4 से 5 के बीच लौट आते थे। उस रोज अचानक मलय जी मेरे निवास पर लगभग 3:30 बजे आ गए थे। उन्होंने आस-पड़ोस में जब पता किया तो उन्हें बताया गया कि 4:30 या 5 बजे तक आ जाते हैं। आप चाहें तो यहाँ बैठकर इन्तजार कर सकते हैं लेकिन वे रुके नहीं। मेन रोड पर एक पुलिया थी। वहाँ अपनी स्कूटी खड़ी करके पुलिया पर बैठकर इन्तजार करने लगे।

हम लोग लगभग साढ़े चार बजे तक लौट आए थे। हमारी नजर

उन पर पड़ी थी लेकिन मैं उन्हें चेहरे से नहीं पहचानता था। सिर्फ इतना ही ध्यान गया कि एक बुजुर्ग जिनके सिर के बाल एकदम सफेद हैं, पुलिया पर बैठा है और पास ही स्कूटी खड़ी है। शायद इस खुली जगह का, जिसमें चारों ओर हरा जंगल है, पहाड़ी है, पथरीले ढलान हैं आदि का आनन्द ले रहे हैं। जैसे ही हम लोग मेन रोड से अपने निवास की ओर मुड़े, मलय जी अपनी स्कूटी लेकर हमारे पीछे-पीछे चल पड़े थे...जैसे ही मैंने अपना स्कूटर घर के सामने रोका, वे भी पहुँच गए थे।

उन्होंने पूछा, ''आप ओमप्रकाश वाल्मीकि जी हैं?''

''जी, हाँ, आप?'' मैंने पूछा

''मैं मलय, शायद आपने नाम सुना होगा।'' उन्होंने सहज भाव से अपना परिचय दिया।

मैं उनका नाम सुनते ही उछल पड़ा और पूरी शिद्दत के साथ उनका स्वागत किया।

''मलय जी! स्वागत है आपका, आप तो पुलिया पर बैठे थे...मैं शर्मिन्दा हूँ, आपको पहचान नहीं पाया।'' मैंने कहा।

''आपके ही इन्तजार में वहाँ बैठा था, यह सोचकर कि चाहे ज़ितनी देर हो जाए आज आपसे मिलकर ही जाना है।'' कहते हुए वे खिलखिलाकर हँस पड़े थे।

उनकी वह खिलखिलाहट मैं कभी भूल नहीं पाऊँगा। इतनी निश्छल हँसी, इतना सहज और सरल व्यक्तित्व, आज भला कहाँ देखने को मिलता है!

मेरा निवास प्रथम तल पर था। जब तक मैं मलय जी को लेकर ऊपर पहुँचा, तब तक चन्दा दरवाजा खोलकर हमारा इन्तजार कर रही थी। मलय जी को आदर सहित बैठाकर चन्दा ने उनसे कहा, ''आप आने वाले हैं, अगर पता होता तो हम बाहर ही न जाते। आपको इन्तजार करना पड़ा, सचमुच खराब लग रहा है।''

''अरे नहीं, गलती मेरी है, मुझे ही खबर करके आना चाहिए था। खैर, छोड़ो इन बातों को। अगर थोड़ी देर बैठकर इन्तजार कर लिया तो

फायदा तो मुझे ही हुआ है। आप लोगों से भेंट हो गई। यही मेरे लिए खुशी की बात है।''

मलय जी का अपनापन एक-एक शब्द से टपक रहा था। उनसे मिलकर मैं गद्‌गद हो गया था। एक कवि के रूप में मेरे मन में उनके लिए बहुत सम्मान था लेकिन एक व्यक्ति के रूप में भी वे मेरे मन में बैठ चुके थे। उस रोज बातों में ऐसे खोए कि समय का न उन्हें ध्यान रहा न मुझे। दलित साहित्य से लेकर मुक्तिबोध, जबलपुर, मध्य प्रदेश आदि अनेक विषयों पर हमने खुलकर चर्चा की थी।

अचानक मलय जी बोले, ''समय कितना हो गया होगा?''

मैंने घड़ी की ओर गर्दन घुमाकर देखा तो रात के दस बज गए थे। हम लोग लगभग साढ़े पाँच घंटे से बातों में खोए हुए थे। इस बीच चन्दा दो बार चाय पिला चुकी थी।

मलय जी ने कहा, ''अब मैं चलता हूँ। काफी देर हो गई है। रात में मेरे लिए स्कूटी चलाना भी मुश्किल होता है।''

मलय जी के चेहरे पर चिन्ता की रेखाएँ साफ दिखाई दे रही थीं।

मैंने कहा, ''मलय जी! चिन्ता न करें, स्कूटी यहीं छोड़ दें। मैं अपने स्कूटर से आपको छोड़ दूँगा। कल किसी को भेज देना, स्कूटी ले जाएगा।'' मैंने उन्हें आश्वस्त किया।

''अरे नहीं, आपके लिए यह शहर नया है और मेरा निवास भी यहाँ से दूर है। रात में आप कहीं रास्ता भटक गए तो दिक्कत होगी। आपके पास फोन है? दीजिए, किसी को घर से बुलाता हूँ।'' मलय जी ने शान्त भाव से कहा लेकिन चिन्ता अभी भी उनके चेहरे पर दिखाई दे रही थी।

करीब आधे घंटे बाद दो युवा आ गए थे। उनमें से एक मेरे विभाग में कुशल कामगार के.के. शर्मा था, दूसरा मलय जी का बेटा था। जाने से पहले मलय जी ने वह पूरा ब्योरा दिया था, जो असंग घोष जी से उनकी बातचीत हुई थी। कहने लगे, ''असंग घोष जी के कहने पर ही मैं आपसे मिलने आया लेकिन अच्छा लगा आपसे मिलकर।

लोग जो बातें करते हैं या जो सुना था, वह सब गलत निकला।''

उनके जाने के बाद मैं काफी देर तक सोचता रहा कि ऐसा क्या है, जो मेरे बारे में लोग ऐसी धारणा बना लेते हैं ? काफी सोचने के बाद भी सिवाय तकलीफ के कुछ नहीं मिला लेकिन आज की उपलब्धि यही थी कि मलय जी जैसे एक अच्छे इनसान से मुलाकात हो गई थी।

जी.सी.एफ. कॉलोनी के बँगला नं. 2 में मखीजा साहब रहते थे। वे जी.सी.एफ. में एडीशनल जनरल मैनेजर (उत्पादन) के पद पर थे। बँगला नं. 2 में तेरह सर्वेंट क्वार्टर थे। इस्टेट ऑफिस से हर रोज उनके बँगले पर दो लेबर भेजे जाते थे लेकिन वे उन दो के अलावा और ज्यादा लेबर हर रोज माँगते थे। जब तक लेबर उनके बँगले पर पहुँच नहीं जाते थे, लगातार फोन आते रहते थे। इस समस्या का समाधान निकालने के लिए मैं जब अपने वरिष्ठ अधिकारी एन.के. वार्ष्णेय से बात करने गया तो उन्होंने मेरे ऊपर ही सारी जिम्मेदारी डाल दी थी।

वार्ष्णेय जी का कहना था, ''यह आपकी कुशलता है कि इस समस्या का कैसे समाधान निकालते हो। नियम तो यही है कि ए.जी.एम. के बँगले पर दो ही लेबर दिए जाएँगे।''

मैं हैरानी से वार्ष्णेय जी का चेहरा देख रहा था। मैंने कहा, ''सर! यह एक दिन की बात नहीं है, यह तो हर रोज की समस्या है। अभी तक आप लोगों ने जो नियम बनाए हैं, उसके अनुसार सिर्फ दो लेबर दिए जाते हैं। अतिरिक्त लेबर माँगे जाने पर क्या किया जाए, कैसे किया जाए, आप मार्गदर्शन कीजिए।''

वार्ष्णेय जी ने कोई समाधान न देकर मुझे ही फँसा दिया था। अगले रोज जब मखीजा साहब का फोन आया तो मैंने कहा, ''सर! मैं कोशिश करूँगा कि आपके बँगले पर अतिरिक्त लेबर पहुँच जाए। आप निश्चिन्त रहें।''

मेरे उत्तर से मखीजा साहब बेहद प्रसन्न हुए थे। मैंने भी तय कर

लिया था कि वे जितने भी लेबर माँगेंगे, मैं उनके बँगले पर भेज दूँगा। जब वार्ष्णेय जी की ओर से कोई नकारात्मक टिप्पणी आएगी तब देखा जाएगा। तब तक तो मखीजा साहब को ही खुश कर दिया जाए।

एक रोज अचानक ऑफिस का एक वरिष्ठ स्टाफ मेरे पास आया, "सर! एक बहुत जरूरी काम आ गया है और इसी वक्त कुछ लोगों को भेजना पड़ेगा...।"

"तो भेज दो...कोई प्रॉब्लम है ?" मैंने पूछा।

"सभी लोग अपने-अपने काम पर आ चुके हैं, उन्हें ढूँढ़कर इकट्ठा करना पड़ेगा।" स्टाफ ने अपनी समस्या मेरे सामने रखी।

"काम क्या है जो इतना जरूरी है ?" मैंने जानने की कोशिश की।

"सर! वार्ष्णेय साहब के बँगले के सामने जो एक बड़ा-सा गड्ढा है, उसमें एक बैल मरा पड़ा है...वार्ष्णेय साहब का सुबह से तीन-चार बार फोन आ चुका है। इस बैल को यहाँ से जितना जल्दी हो सके उठवाकर कहीं दूर फेंको, बदबू आ रही है।" स्टाफ ने वार्ष्णेय साहब की परेशानी से अवगत कराया।

'तो यह है जरूरी काम'...मैंने मन ही मन सोचा।

"यह काम भी इस्टेट ऑफिस के जिम्मे है ?" मैंने स्टाफ की ओर शंका की दृष्टि से देखा।

"हाँ सर! इसके लिए दस-बारह लोगों की एक टीम है हमारे पास जो यह काम करते हैं और वे सभी अपने काम में एक्सपर्ट हैं।" स्टाफ ने वर्कर्स के बारे में मुझे बताया।

"तो फिर दिक्कत क्या है ? इकट्ठा करो उन वर्कर्स को। जाकर देखो क्या हो सकता है।" मैंने उसे जाने के लिए कहा। जी.सी.एफ. कॉलोनी का क्षेत्र काफी विस्तृत था इसलिए वर्कर्स को इकट्ठा करने में समय लग सकता था।

फैक्टरी से एक ट्रक भी वहाँ पहुँच चुका था, जिसमें बैल को उठाकर कहीं दूर जंगल में डालना था। जी.सी.एफ. के आसपास पहाड़ी क्षेत्र था और दूर-दूर तक फैला जंगल भी। स्टाफ ने मुझे फोन पर बताया था, ''वर्कर्स काम में लग गए हैं लेकिन बैल काफी भारी है और उसे मरे हुए भी बारह-तेरह घंटे हो चुके हैं इसलिए उठाते समय जगह-जगह से उसकी खाल फट रही है और बदबू भी बहुत ज्यादा आ रही है।...वार्ष्णेय साहब भी बँगले के बाहर खड़े हैं। वे इस दृश्य को देख रहे हैं।''

थोड़ी देर बाद मैं भी वहाँ पहुँच गया था। जब मैं वहाँ पहुँचा तो सचमुच वार्ष्णेय साहब अपने बँगले के सामने मुँह पर कपड़ा लपेटे खड़े थे। वर्कर्स इस कठिन और बदबू से लबरेज काम को पूरी तन्मयता से अंजाम देने में जूझ रहे थे।

मुझे देखते ही वार्ष्णेय साहब बोले, ''एक घंटे से ज्यादा हो गया है लेकिन ये लोग इस बैल को ट्रक में नहीं चढ़ा पा रहे हैं। सब के सब हरामखोर और निकम्मे हो गए हैं।''

उनकी इस प्रतिक्रिया ने मुझे बाध्य कर दिया था कि मैं उनकी इस धारणा का प्रतिवाद करूँ। जिस मेहनत से वर्कर्स बदबू से लबरेज बैल को उठाने की कोशिश कर रहे थे, बिना किसी सुरक्षा गार्ड्स के, अपने स्वास्थ्य की चिन्ता किए बगैर, वे समर्पण भाव से काम में लगे हुए थे और वार्ष्णेय साहब उन्हें निकम्मा कह रहे थे। मुझे उनका इस तरह वर्कर्स के काम को कम आँकना किसी भी तरह गवारा नहीं था। मैंने बिना देर किए कहा, ''इतना आसान काम नहीं है सर! आप इतनी दूर खड़े हैं, फिर भी आपने अपना मुँह और नाक कपड़े से ढका हुआ है। इनके पास तो कुछ भी नहीं है अपनी सुरक्षा के लिए। क्या इन्हें बदबू नहीं आ रही होगी? इन्हें क्या अपनी सेहत की चिन्ता नहीं है? फिर भी पूरी तन्मयता से वे काम कर रहे हैं।''...मेरी पूरी बात सुने बगैर

ही वार्ष्णेय जी बँगले के भीतर जाने के लिए कुछ इस तरह मुड़े जैसे मैंने उन्हें गाली दे दी हो। जाते-जाते उन्होंने बँगले का गेट इतने जोर से बन्द किया था कि उसकी आवाज दूर तक गई थी। उन्हें लगा कि मैंने उनके अहं पर चोट की है। दरवाजे की आवाज काम करते वर्कर्स ने भी सुनी थी इसलिए वे सब गेट की तरफ देखने लगे थे कि अचानक वार्ष्णेय साहब को क्या हो गया।

काफी मशक्कत के बाद लड़कों की टेक्निक काम कर गई थी और वे मरे बैल को ट्रक में चढ़ाने में सफल हो गए थे। मुझे देखते ही उनका मुकादम (मुकद्दम) गणेश जो उनके साथ था, मेरे पास आया, "सर! लड़कों की हिम्मत देखी आपने?"

"हाँ, देखी...वेरी गुड...गणेश कल सबसे पहला काम आप यह करेंगे कि इन सबके लिए सेफ्टी गाड्र्स जो भी जरूरी हैं, फैक्टरी स्टोर में जाकर ढूँढ़ेंगे। यदि वहाँ उपलब्ध नहीं हैं तो बाजार से खरीदकर लाएँगे, जो भी जरूरी कागजात तैयार करने हैं, ऑफिस के बाबू से कहकर मेरे पास लेकर आएँगे। बिना सेफ्टी गाड्र्स के इन लोगों को इस काम में नहीं लगाया जाएगा। समझ रहे हैं मेरी बात, इतनी बदबू का काम ये लोग बिना सुरक्षा के कर रहे हैं, इस ओर आप लोगों ने कभी ध्यान क्यों नहीं दिया? क्या इनकी जिन्दगी जरूरी नहीं है?" मैंने जोर देकर मुकादम को हिदायत दी।

मुकादम गणेश मेरा मुँह देख रहा था क्योंकि इससे पूर्व किसी ने इन कर्मियों की सुरक्षा के बारे में सोचा ही नहीं था। उन्हें तो बस इनके काम से मतलब था। ये जिएँ या मरें, उनकी बला से!

"सर! एक निवेदन था। ये लड़के काफी थक गए हैं। इन्हें नहाना-धोना भी है, आप ठीक समझें तो लंच के बाद इनको छुट्टी दे दें?" मुकादम ने कहा।

"ठीक है, जाने दो इन्हें लेकिन जो मैंने कहा है, उस पर भी ध्यान देना है। मुझे कल रिपोर्ट देंगे। सेफ्टी गाड्र्स की क्या पोजीशन है।" कहकर मैं वापस अपने ऑफिस आ गया था लेकिन वार्ष्णेय साहब के

रवैए से मेरा सिर भन्ना रहा था। 'अपनी सेहत ठीक तो सब कुछ ठीक, दूसरा जान से भी चला जाए तो कुछ नहीं'...अजीब मानसिकता है। इसके बाद मेरा मन लंच के लिए घर जाने को भी नहीं कर रहा था। वार्ष्णेय और मरा बैल जैसे दोनों मेरे दिलो-दिमाग में घुसकर बैठ गए थे और दोनों ही भयानक बदबू का सबब बन रहे थे।

इस घटना के बाद वार्ष्णेय साहब कदम-कदम पर मुझे नीचा दिखाने की कोशिश करने लगे थे। उसी दौरान एक अच्छी लोकेशन का मकान खाली हुआ था। जी.सी.एफ. से स्टेशन जानेवाली मुख्य सड़क और बाजार के पास यह मकान था, जिसमें जगह भी काफी थी। था तो काफी पुराने डिजाइन का लेकिन सुविधाओं की दृष्टि से अच्छा था। उस मकान के लिए मैंने भी आवेदन कर दिया था। वार्ष्णेय जी आखिर तक यही कहते रहे कि आपको ही मिलेगा। आवासीय क्वार्टर्स का आवंटन वार्ष्णेय जी ही देखते थे लेकिन अचानक वह मकान मुझसे कनिष्ठ अधिकारी को दे दिया गया था। जब मुझे पता चला और मैं वार्ष्णेय जी से पूछने गया तो कहने लगे, "वाल्मीकि जी! आपको हम इससे बढ़िया बँगला एलॉट करेंगे। आप क्यों चिन्ता करते हैं!"

मैंने कहा, "लेकिन सर! वरिष्ठता के आधार पर तो मुझे मिलना चाहिए था और आप बार-बार यही कहते रहे कि यह मकान मुझे ही एलॉट होगा, फिर अचानक यह कैसे हुआ?"

"आपको हम पर विश्वास नहीं है? हमने कहा न कि आपको इससे बेहतर बँगला आवंटित करेंगे।" वार्ष्णेय जी ने जोर देकर कहा।

मुझे लगा कि यह सब जान-बूझकर किया जा रहा है। "ठीक है सर! मैं आपकी बात पर यकीन करके जा रहा हूँ, लेकिन देखते हैं आप अगली बार क्या करते हैं!" कहते हुए मैं उनके ऑफिस से बाहर आ गया था।

कुछ दिन बाद एक बँगला और खाली हुआ। मैंने फिर आवेदन किया। वार्ष्णेय जी ने वही टेक्निक अपनाई। आखिर तक कहते रहे कि बस चाबी आपको ही मिलेगी...लेकिन वह भी किसी दूसरे अधिकारी

को दे दिया गया था।

मैं काफी गुस्से में उनके ऑफिस में गया था, उन्होंने इतने बहाने मेरे सामने रख दिए कि मुझे वापस लौटन पड़ा। फिर भी मैंने कह ही दिया, ''सर, यदि मुझे मकान देने में आपको कोई दिक्कत हो रही हो तो साफ-साफ बताइए, मैं आवेदन ही नहीं करूँगा। पिछली बार आपने अपने विश्वास को बहुत दृढ़ता से रखा था। वह तो हवा हो गया। अब मुझे क्या करना चाहिए, यह भी बता दीजिए।''

''वाल्मीकि जी! देंगे आपको भी मकान, आप इतने उत्तेजित क्यों हो रहे हैं?'' वार्ष्णेय जी ने कहा।

''ठीक है सर! अगली बार देखते हैं, आप किस तरह से मुझे अपने नियम, कायदे-कानून समझा पाएँगे।'' कहकर मैं वापस आ गया था।

तीसरी बार भी वैसा ही हुआ। आखिर तक वार्ष्णेय जी यही कहते रहे कि चाबी आपको मिल रही है, दो-तीन दिन में ऑर्डर हो जाएगा। चाबी ले लेना। तीसरे दिन जब मैं पता करने गया तो वार्ष्णेय जी ने कहा, ''आप जाकर चाबी ले लीजिए...''

जब मैं चाबी लेने गया तो मुझे बताया गया कि वह बँगला तो किसी दूसरे अधिकारी को दे दिया गया है और वे चाबी लेकर चले भी गए हैं। मैं हैरान था। वार्ष्णेय जी ऐसा क्यों कर रहे हैं।

मैं वार्ष्णेय जी के ऑफिस गया और दरवाजा खोलकर सीधे ही कहा, ''इस मजाक के लिए धन्यवाद सर! मुझे नहीं पता था कि आप मेरे साथ इस तरह पेश आएँगे। मैं आपके अधीन काम करता हूँ और आप ही मेरे साथ इस तरह का व्यवहार करेंगे। यह मेरी समझ से बाहर है। थैंक्यू सर! अच्छा है, मुझे यह अहसास करा दिया।'' कहते हुए मैं बाहर आ गया था।

उसी रोज शाम को महेन्द्र वशिष्ठ मेरे निवास पर आए। बात-बात में मैंने वार्ष्णेय जी की हरकत का जिक्र निकाला। मैं इस मुद्दे को इश्यू नहीं बनाना चाहता था लेकिन बात मुँह से निकल गई थी। तो वे कहने

लगे, ''चलो अभी चलते हैं और उनकी इस हरकत का जवाब देकर आते हैं।''

मैंने कहा, ''नहीं महेन्द्र जी, रहने दीजिए, वैसे भी मुझे ज्यादा दिन जबलपुर में नहीं रहना है।''

लेकिन वे नहीं माने और उसी वक्त उठकर वार्ष्णेय के बँगले पर पहुँच गए थे।

अगले रोज पता चला दोनों में काफी झगड़ा हुआ था। महेन्द्र वशिष्ठ जी ने उन्हें यह भी कहा था कि अब आगे से अपने बिल्स जरा सोच-समझकर भेजना। वाल्मीकि जी चुप हैं, उसकी कुछ वजह है लेकिन मैं चुप नहीं रहूँगा। उन दोनों के बीच झगड़ा काफी बढ़ गया था।

जब मैं महेन्द्र जी से मिलने उनके ऑफिस गया तो उन्होंने विस्तार से पूरी घटना सुनाई थी। साथ ही यह भी कहा था कि अब वह तुम्हें तंग नहीं करेगा। एडमिन के जितने भी बिल्स आते हैं, उन पर मेरी नजर रहेगी, कहीं न कहीं तो वह फँसेगा!

मैंने कहा, ''महेन्द्र जी! आप ऐसा कुछ न करें, इससे फैक्टरी के काम में दिक्कतें आएँगी—जो मैं नहीं चाहता हूँ।''

''आप कुछ भी कहें, पर इसे तो मैं सबक सिखाकर ही रहूँगा।'' महेन्द्र वशिष्ठ जी ने गम्भीरता से कहा था।

लेकिन वार्ष्णेय जी के मस्तिष्क में जो चल रहा था, उसे निकालना इतना आसान नहीं था। कहीं न कहीं मेरे सरनेम को लेकर उनके मन में पूर्वग्रह थे, जो अपना प्रभाव दिखाने लगे थे।

उनका एक ऑफिशियल पत्र मिला था, जिसमें लिखा था कि जी.सी.एफ. बाजार से दुकानदारों पर बकाया किराया जितनी जल्दी हो सके उगाहा जाए, जिसकी साप्ताहिक रपट अधोहस्ताक्षरी के पास बिना विलम्ब के भेजी जाए, इसमें किसी भी प्रकार की देरी, अधिकारी की जिम्मेदारी होगी और इस कार्य में जरा भी देरी होती है तो अधिकारी के विरुद्ध अनुशासनात्मक कार्रवाई होगी। यानी एक धमकी भरा पत्र मुझे गोपनीय तरीके से भेजा गया था।

हर कोई जानता था कि बाजार से दुकानों का किराया वसूलने में जी.सी.एफ. प्रशासन पिछले कई वर्षों से नाकाम रहा था और यह एक गम्भीर मसला था। जब-जब भी किराए की बात उठी, बाजार में गुंडागर्दी देखने को मिली। जब मैंने बाजार में काम करनेवाले अपने कर्मचारियों को बुलाकर पूछताछ की तो सभी का एक ही मत था, "साहब! बहुत टेढ़ा काम है। इस मामले में आपसे पहले के दो अधिकारी सरेआम पिट चुके हैं। जी.सी.एफ. की सिक्योरिटी और पुलिस भी इस विषय में नाकाम रही है। हमें तो लगता है कि अब आपको इसमें उलझाया जा रहा है। लेकिन साहब! हमारी तो यही राय है कि आप चुप्पी साधकर बैठ जाइए। कुछ दिन में फिर बात उठेगी, तब तक का समय तो निकल ही जाएगा।"

मैंने बाजार में पोस्टेड स्टाफ से पूछा, "आपकी क्या राय है?"

उसने भी उसी हिचकिचाहट का परिचय दिया, "साहब! पिछली बार जब हम सिक्योरिटी को लेकर किराया वसूलने बाजार में गए तो वहाँ पहले से ही गुंडे लोग हॉकी स्टिक, डंडे और तलवारें लेकर खड़े थे। उस वक्त न तो जी.सी.एफ. प्रशासन और न ही पुलिस हमारी मदद कर सकी थी। हम लोग चुपचाप वापस आ गए थे।"

यानी मेरा हौसला तोड़ने के सारे उपकरण पहले से ही तैयार थे।

मैंने स्टाफ और वर्कर्स को अपने विश्वास में लेने की कोशिश की और कहा, "क्या मुझे भी डरकर चुप बैठ जाना चाहिए? यदि आप सबकी राय 'हाँ' है तो मुझे यह नौकरी ही छोड़ देनी चाहिए, ऐसी मेरी राय है। यह मेरे लिए एक चैलेंज है, आपमें से जो भी यह सोचता है कि उसे यह काम नहीं करना है, वह खुलकर बता सकता है, जो इस कठिन और खतरे के काम में मेरे साथ खड़ा होना चाहता है, वह बताए। किसी पर कोई दबाव नहीं है।"

वे कुछ पल तो चुप रहे। मैं उनके चेहरों को पढ़ने की कोशिश करता रहा। सबसे पहले एक लेबर उठा, "साहब! मैं आपके साथ हूँ।"

थोड़ी देर बाद एक-एक करके सभी ने अपना विश्वास मेरे साथ

रहने में व्यक्त किया।

मैंने कहा, "आप सबका धन्यवाद! अब सबसे पहला काम तो यह करना है कि जो भी हमारे बीच बातचीत हुई है, वह बाहर किसी से भी आप लोग चर्चा नहीं करेंगे। दूसरा—कल सभी दुकानदारों को बाजारवाले ऑफिस में चाय के लिए आमंत्रित करो। शाम 4 बजे। ध्यान रहे सिर्फ चाय और नाश्ते के लिए बुलाया है। यह निमंत्रण मेरी ओर से है। ऑफिस में कुर्सियों का इन्तजाम भी करना है। चाय और समोसे का ऑर्डर भी देना है। आप सब लोग वहाँ मौजूद रहेंगे। ओके।"

वे सब मेरा मुँह देख रहे थे। उनकी समझ में यह नहीं आ रहा था कि उन दुकानदारों को, जो गुंडागर्दी करते हैं, चाय पर क्यों बुलाया जा रहा है।

बाजार के सुपरवाइजर ने पूछा, "सर! यदि वे नहीं आए तो?"

"आप जाकर निमंत्रण तो दो, फिर देखो आते हैं या नहीं। पहले से ही नकारात्मक सोच क्यों? यह एक प्रयास है, यदि सफल हुए तो हमारी जीत है। फेल हुए तो फिर से कोशिश करेंगे...ओके। कल मिलते हैं, बाजारवाले ऑफिस में, शाम 4 बजे।"

उन सबके चेहरों पर एक अजीब तरह की खुशी दिखाई दे रही थी, जिसे मैंने भी महसूस किया था कि ये सब बड़े कर्मठ हैं लेकिन दिशाहीन। यदि कल हम सफल हो जाते हैं तो यही लड़के विजय मुद्रा में अपने घर जाएँगे, यह मेरा विश्वास था।

अगले रोज जब मैं बाजारवाले ऑफिस में ठीक 4 बजे पहुँचा तो लगभग पचास लोग ऑफिस में बैठे थे। मैंने उन सबको अपना परिचय दिया और उनका आभार व्यक्त किया कि वे सब मेरे निमंत्रण पर आए हैं। मुझे अच्छा लग रहा है। चाय-नाश्ता हो जाने के बाद मैंने उन सबसे पूछा, "बाजार में आप लोगों को किसी भी प्रकार की दिक्कत

या असुविधा हो तो कृपया मुझे बताएँ ताकि मैं उनका समाधान करने के प्रयास कर सकूँ।''

एक बुजुर्ग दुकानदार हाथ जोड़कर बोला, ''साहब! यह पहली बार हुआ है कि हम लोग आमने-सामने बैठे हैं। हमारे लायक सेवा बताइए, हम करेंगे।''

''जरूर बताएँगे लेकिन एक बात जो मैं आप लोगों से कहना चाहता हूँ कि जिस जगह पर आप लोग दुकानें चला रहे हैं, वह जगह जी.सी.एफ. की है। आप अपनी रोजी-रोटी कमाने के लिए उसका इस्तेमाल कर रहे हैं। क्या उसके बदले में जी.सी.एफ. का यह हक नहीं बनता है कि उस जगह का आप लोग वाजिब किराया जी.सी.एफ. को दें?'' मैंने बेहद संजीदगी के साथ कहा।

वही बुजुर्ग सबसे पहले बोले, ''किराया देने से हमने कभी मना नहीं किया लेकिन जी.सी.एफ. के कर्मचारी जिस तरह पेश आते हैं, उससे यहाँ का माहौल बिगड़ जाता है।''

अभी उस बुजुर्ग की बात पूरी भी नहीं हुई थी कि एक दुबला-पतला-सा लड़का, जिसके होंठ पान की पीक से भरे हुए थे और उसने गले में एक रंगीन गमछा कुछ इस तरह से डाल रखा था जैसे वह इस इलाके का सबसे बड़ा रंगदार है, एकदम से ताव में आकर बोला, ''हमने भी चूड़ियाँ नहीं पहन रखी हैं, जो इन सबसे डरकर चुप बैठ जाएँगे।''

''आपका शुभ नाम?'' मैंने धैर्यपूर्वक पूछा।

''ठाकुर ललित प्रसाद।'' उसने उसी ठसके से उत्तर दिया।

''आप कब से दुकान चला रहे हैं?'' मैंने पूछा।

''पिछले पाँच सालों से...पान-तमाखू और गुटके की दुकान है मेरी पीपल के पेड़ के पास।'' वह एक साँस में कह गया था।

''आपने किराया कब से नहीं दिया? और क्यों नहीं दिया?'' मैंने थोड़ा स्वर सख्त किया।

इस बार वह कुछ भी बोल नहीं रहा था, सिर्फ चुपचाप मेरी ओर खा जानेवाली नजरों से देख रहा था।

मैंने बुजुर्ग को सम्बोधित करते हुए कहा, "आप सब छोटे-छोटे दुकानदार हैं, जो किसी तरह अपने घर-परिवार के लिए रोटी जुटाने की कोशिश कर रहे हैं इसलिए जी.सी.एफ. ने आप लोगों को जगह भी दी है, फिर इसमें गुंडागर्दी और लड़ाई-झगड़ा कहाँ से आ गया! रही हमारे कर्मचारियों के व्यवहार की बात, मैं आप सबको आश्वासन देना चाहता हूँ कि मेरे कर्मचारियों से आपको कोई शिकायत नहीं होगी। बदले में मैं भी आप सबसे यही उम्मीद रखता हूँ कि आगे से ठाकुर ललित प्रसाद जैसी भाषा हम भी सुनना नहीं चाहेंगे। यदि आप सब मेरी बात से सहमत हैं तो हम कोई बीच का रास्ता निकाल सकते हैं, जिसमें आपको भी असुविधा न हो और जी.सी.एफ. प्रशासन को भी कोई कानूनी काम न करना पड़े..."

मेरी बात को बीच में काटकर ठाकुर ललित प्रसाद ने कुछ कहने की कोशिश की लेकिन वहाँ मौजूद उस बुजुर्ग ने उसे डपट दिया। वह चुप हो गया था।

बुजुर्ग ने हाथ जोड़कर निवेदन किया, "साहेब! आप अपने मन की बात बताइए, हम लोग बड़ी मुश्किल से गुजारा करते हैं, इतनी आमदनी नहीं होती है कि बकाया किराया एक साथ जमा कर दें।"

मैंने कहा, "मैं भी आपकी बात से सहमत हूँ...मेरा एक प्रस्ताव है...इस महीने से आप लोग जो भी तय किया गया किराया है, वह जमा कर दें, किस तारीख तक आप लोग जमा करेंगे, वह तय कर लेते हैं। उससे पहले आपके पास हमारा कोई भी कर्मचारी नहीं आएगा। आप लोग चाहे दुकान पर ही किराया दें या ऑफिस में आकर जमा कर दें, यह आपके ऊपर...इस बात से कितने लोग सहमत हैं...यह भी पता चले तो अच्छा रहेगा।"

उत्तर बुजुर्ग ने ही दिया था, "ठीक है साहेब! महीने की पन्द्रह तारीख तक हम हर महीने का किराया जमा करेंगे।"

"ठीक है...मेरा एक और निवेदन है आप लोगों से कि पिछले बकाया किराए के बारे में भी हम लोग आज यहाँ बात कर लें तो अच्छा

रहेगा...क्योंकि प्रशासन का हम पर काफी दबाव है और हमें भी नौकरी करनी है...यदि आप ठीक समझें तो जिनका किराया पाँच सौ रुपए महीने है वे पाँच सौ के साथ पिछला एक सौ रुपए भी हर महीने देंगे, जिससे बकाया किराया भी आप लोगों को भार नहीं लगेगा, जो हर महीने ढाई सौ रुपए देते हैं, वे पचास रुपए हर महीने पिछला बकाया देते रहेंगे, जिसकी रसीद आप लोगों को मिलेगी...''

थोड़ी देर उन दुकानदारों में आपस में खुसुर-फुसुर होती रही। थोड़ी देर बाद वे शान्त होकर बैठ गए और उन्होंने हमारी शर्तें मान लीं।

अचानक एक युवा दुकानदार बोला, ''साहेब! हमने आपकी सारी बातें मान ली हैं, अब आप भी हमारी एक बात मान लो।''

''हाँ, कहिए।'' मैंने उसे आश्वस्त किया।

''साहब! वह पीपल के पेड़ के नीचे एक बुढ़िया बैठती है, मिट्टी के बर्तन बेचती है, वहीं उसने अपनी झोंपड़ी भी बना रखी है, उस बेचारी का अपना कोई नहीं है, उसकी आमदनी भी इतनी नहीं है कि वह हर महीने आपको तीन सौ रुपए दे सके। यदि आपकी मेहरबानी हो जाए तो उससे किराया न लिया जाए। वैसे भी उसका कोई भरोसा नहीं कि कितने दिन जीएगी!''

मैंने अपने कर्मचारियों की ओर देखा। उन्होंने भी अपनी सहमति उस बुढ़िया के पक्ष में दी। ''ठीक है, जब तक मैं यहाँ हूँ उसे कोई कुछ नहीं कहेगा...बाद की मेरी कोई जिम्मेदारी नहीं है।'' सभी दुकानदार मेरी बात से खुश हो गए थे।

इस तरह हमने बाजार की पहली लड़ाई जीत ली थी और दो महीने में हमने लगभग एक लाख रुपए से ज्यादा की रकम एकत्र करके जी.सी.एफ. के खाते में जमा कर दी थी। यह हमारी बहुत बड़ी उपलब्धि थी लेकिन वार्ष्णेय जी खुश नहीं थे। उनका इरादा कुछ और था, जिसे मैंने सफल नहीं होने दिया था। पूरा बाजार मेरे साथ खड़ा था। दुकानदारों का पूरा सहयोग मुझे मिला था।

एक दिन मखीजा साहब के पी.ए. का फोन आ गया था, "वाल्मीकि जी! साहब याद कर रहे हैं। कितनी देर में आ सकते हो?"

मैंने कहा, "मैं अभी आता हूँ...कोई खास बात है?" मैंने जानने की कोशिश की थी।

पी.ए. ने कहा, "मेरे खयाल से कोई खास बात तो नहीं है...फिर भी कह नहीं सकते। वैसे आज साहब अच्छे मूड में हैं...आ जाओ।"

मुझे देखते ही मखीजा साहब काफी गर्मजोशी से मिले थे। यह हमारी पहली मुलाकात थी। उन्होंने मुझे बैठने का इशारा किया। कुछ पल वे मेरी ओर देखते रहे। फिर मेरे बारे में पूछताछ करते रहे...मसलन अब तक किस फैक्टरी में काम किया है, किस क्षेत्र में कितने अनुभव हैं आदि-आदि। जब उन्हें यह पता चला कि मैं अनुसन्धान एवं विकास कार्य से लम्बे समय तक जुड़ा रहा हूँ और मेकैनिकल डिजाइनिंग का मेरा लम्बा अनुभव है तो बोले, "फिर इस्टेट ऑफिस में आपकी पोस्टिंग कैसे हो गई?"

मैंने कोई उत्तर नहीं दिया था। एक बार तो लगा कि कह ही देता हूँ कि यह जो मेरा सरनेम है, यही मेरी योग्यता बन गया है वार्ष्णेय जी की नजर में लेकिन चुप रहा। पता नहीं मेरे इस उत्तर से मखीजा साहब कैसे रिएक्ट करेंगे? वैसे भी यह पहली मुलाकात है। कहीं कोई गलत सन्देश न चला जाए। यही सोचकर चुप रहा।

वे मेरी ओर देखते रहे...फिर अचानक बोले, "किसी उत्पादन विभाग में आना चाहोगे?" मैंने उनकी ओर देखा, काफी गम्भीर लग रहे थे।

"जी...जरूर, वैसे भी वहाँ मेरे मन का काम नहीं है, उस अनुभाग को तो कोई भी देख सकता है।" मैंने धीमे स्वर में कहा।

एक सप्ताह के अन्दर मेरी पोस्टिंग विजयन्ता विभाग में हो गई थी। इस अनुभाग में टी-72 गन की असेम्बली होती थी। कुछ विशिष्ट पाट्‌र्स भी बनाए जाते थे। अनुभाग काफी बड़ा था। लगभग दो सौ

कुशल कामगार उसमें काम करते थे, जिसका वार्षिक टर्नओवर भी काफी बड़ा था। इस पोस्टिंग से मेरा मनोबल बढ़ गया था। मन में जो हीनताबोध बैठा हुआ था, वह भी एक ही झटके में खत्म हो गया था। इस अनुभाग में सुबह से शाम तक काफी व्यस्त रहना पड़ता था। दिन में दो बार मखीजा साहब का राउंड होता था। यह एक ऐसा नियम था जिसमें कभी भी छूट नहीं थी। उत्पादन के प्रत्येक चरण पर उनकी नजर रहती थी। कहीं पर जरा भी कोताही हुई कि वहाँ तैनात अधिकारी की खैर नहीं, बेहद सख्त और तीखा बोलते थे लेकिन इससे मुझे एक बड़ा फायदा यह रहा कि नए काम को समझने में मखीजा साहब से काफी मदद मिली थी लेकिन बाहर इस्टेट ऑफिस में जिस तरह मित्रमंडली बेरोकटोक मिलने आती थी, उस पर अंकुश लग गया था। बाहरी व्यक्ति का फैक्टरी में आना सम्भव नहीं था। ढेरों औपचारिकताएँ पूरी करनी पड़ती थीं। खमारिया से आगे प्रूफ रेंज था, जहाँ जी.सी.एफ. में निर्मित गन का फायरिंग ट्रायल होता था, वहाँ भी कभी-कभी जाना पड़ता था।

एक रोज अचानक मिसेज मखीजा का फोन आया था। उस वक्त मैं वर्कशॉप में मखीजा साहब के साथ राउंड पर था। जब ऑफिस क्लर्क ने बताया कि मैडम मखीजा फोन पर हैं तो मुझे लगा कि शायद वे मखीजा साहब से बात करना चाह रही होंगी...लेकिन मखीजा साहब ने कहा, ''अरे! हाँ, वे सुबह कुछ कह रही थीं, जाओ जाकर बात करो। शायद आपसे कुछ काम है उन्हें।''

मैं एक अजीब-सी दुविधा के साथ फोन पर आया था। जैसे ही मैंने हैलो कहा, वे एकदम बोलीं, ''मिस्टर वाल्मीकि! आपसे एक व्यक्तिगत काम है। क्या आज शाम को आप मेरे बँगले पर आ सकते हैं?''

''जी...मैडम! कितने बजे आना है?'' मैंने पूछा।

''आ जाना 7 बजे तक और हाँ, मिसेज वाल्मीकि को भी लेते आना, रात का खाना आप लोग यहीं खाएँगे...ओके।''

उन्होंने मुझे कुछ बोलने का मौका ही नहीं दिया था। मैं उनके इस निमंत्रण से थोड़ा हैरान भी था कि हमें डिनर पर बुलाया जा रहा है या कोई और वजह है। वैसे भी एक वरिष्ठ अधिकारी दूसरे कनिष्ठ अधिकारी को डिनर पर बुलाए, यह कल्चर ऑर्डनेंस फैक्टरियों के कल्चर में नहीं था। इस तथ्य से मैं अच्छी तरह परिचित था। मन में कई तरह के सवाल दस्तक दे रहे थे...फिर भी मैंने चन्दा को फोन किया कि शाम को मखीजा साहब के घर डिनर के लिए जाना है। मिसेज मखीजा का फोन था। इस निमंत्रण से चन्दा को भी हैरानी हुई थी।

हम लोग अभी तैयार हो ही रहे थे कि बाहर गाड़ी का हॉर्न बजा। मैंने खिड़की से झाँककर देखा तो नीचे सरकारी गाड़ी खड़ी थी। ड्राइवर ने मुझे देख लिया था, "सर! मैडम मखीजा ने गाड़ी भेजी है।"

"ठीक है, थोड़ा रुको, अभी आते हैं।" मैंने ड्राइवर को इन्तजार करने के लिए कहा।

चन्दा गाड़ी के आने से और ज्यादा हैरान हुई थी। लगता है, कोई ज्यादा ही खास बात है, जो मैडम मखीजा ने गाड़ी भी भिजवाई है।

जब हम मखीजा साहब के बँगले पर पहुँचे, मिसेज मखीजा बाहर पोर्च में खड़ी हमारा इन्तजार कर रही थीं। मैं उनसे पहली बार मिल रहा था। फोन पर तो कई बार बात हुई थी। वह भी जब मैं इस्टेट ऑफिस देख रहा था और वे हर रोज अतिरिक्त लेबर बँगले पर भेजने के लिए कहती थीं।

उन्होंने आदरपूर्वक हमारा स्वागत किया था। ड्राइंग रूम में बैठाकर वे बेहद शालीनता और अपनेपन से बात कर रही थीं। उनके व्यवहार में यह आभास तक नहीं था कि वे जी.सी.एफ. के एडिशनल जनरल मैनेजर की पत्नी हैं, जो इस वक्त सीधे-सीधे मेरे बॉस हैं। इस बीच हमारी बातचीत के बीच मखीजा साहब भी शामिल हो गए थे। उनका व्यवहार भी बदला हुआ था। काफी घुल-मिलकर बतिया रहे थे।

अचानक बातचीत का रुख बदल गया था। मिसेज मखीजा ने कहा, ''वाल्मीकि जी! मैं आपको एक गीत सुनाती हूँ, यह बताइए कैसा है?''

और उन्होंने एक बेहद लोकप्रिय फिल्म का गीत गाना शुरू कर दिया, जिसे लता मंगेशकर ने गाया था। मिसेज मखीजा ने बेहद खूबसूरती से गाना गाया था। उनका गला भी बेहद सुरीला था। ताल-सुर की भी पूरी जानकारी थी उन्हें।

गाना खत्म होने पर मैंने उनकी प्रशंसा की तो वे बोलीं, ''लेकिन वाल्मीकि जी! मुझे आपकी एक मदद चाहिए।''

मैंने कहा, ''मैम! यह तो संगीत का मामला है, जिसमें मैं जीरो हूँ, भला इसमें मैं क्या मदद कर सकता हूँ!''

''कर सकते हो, मुझे पता है, आप कवि हैं। बस इतना करना है कि इस गाने की धुन पर आपको अपने शब्द बैठाने हैं।''

अचानक मुझे लगा जैसे किसी ने मुझे चलती ट्रेन से धक्का दे दिया है, यानी मुझे इस गाने की पैरोडी लिखनी है। एक कवि के लिए इससे बड़ी क्या सजा होगी कि उसे पैरोडी लिखने के लिए कहा जाए। क्षण भर तो मैं उनका मुँह ताकता रह गया क्योंकि इतना सुरीला गला और इतनी अच्छी प्रस्तुति उनकी, फिर यह पैरोडी का भूत कहाँ से आ गया!

मैंने हिम्मत करके कहा, ''मैम! इस गाने के तो बोल भी बहुत अच्छे हैं, फिर आप अपने शब्द इसमें क्यों डालना चाहती हैं?''

''मुझे अच्छा लगता है। बस एक-आध दिन में आप इस गाने के शब्द बदलकर मुझे दे दीजिए। आप तो कवि हैं, आपके लिए यह काम मुश्किल नहीं होगा।''

उन्होंने एक तरह से निर्णय सुना दिया था। चन्दा मेरी इस दयनीय स्थिति पर धीमे-धीमे मुस्कुरा रही थी। जैसे कह रही हो—बच्चू, आज फँसे हो, बड़े कवि बने घूम रहे थे। अब तो पैरोडीकार भी बन जाओगे। मैंने और भी कई तर्क दिए थे लेकिन मिसेज मखीजा पर कोई असर नहीं हुआ था।

अचानक बोलीं, "चलो! खाना तैयार है...खाने के बाद मैं आपको अपनी पसन्द के एक-दो गीत सुनाऊँगी।"

इस फैसले के बाद न तो मेरा मन खाना खाने के लिए हो रहा था, न गाने सुनने के लिए। मुझे लगने लगा था कि जैसे मैं किसी खतरनाक षड्यंत्र में फँस गया हूँ।

आधे-अधूरे मन से मैंने खाना खाया था। लग रहा था कि अब मेरी नौकरी का खतरनाक दौर शुरू होने वाला है क्योंकि मैंने नौकरी और लेखन के बीच फासला बनाकर रखा हुआ था लेकिन यहाँ तो सिर मुँड़ाते ही ओले गिर पड़े थे...मिसेज मखीजा ने तीन-चार गाने सुनाए थे। मैंने उनकी तारीफ भी की थी, औपचारिकतावश। उस वक्त जो मेरी मानसिक स्थिति थी, वे गाने मुझे सुनाई नहीं पड़ रहे थे। मेरा पूरा ध्यान तो अपने कवि की हत्या पर अटका था। किसी तरह से जान छुड़ाकर हम लोग वापस आ गए थे। घर आते ही चन्दा ने जोर-जोर से हँसना शुरू कर दिया था। वो जितना हँस रही थी, मैं उतना ही स्वयं को गहरे अवसादों में घिरा महसूस कर रहा था। रात भर मैं परेशान रहा कि यह सब मैं कैसे कर पाऊँगा।

सुबह जब मैं अपने ऑफिस पहुँचा, ठीक से बैठ भी नहीं पाया था कि मिसेज मखीजा का फोन आ गया, "कुछ बना वाल्मीकि जी...!"

"जी मैम! सर का राउंड हो जाए फिर कुछ सोचता हूँ।"

"अरे! उनकी चिन्ता क्यों करते हो, वे तुम्हें कुछ नहीं कहेंगे। आराम से अपने ऑफिस में बैठो और कोशिश करो कि कम से कम लंच तक कुछ तो बना दो।"

"जी मैम! जैसे ही कुछ बनता है, मैं आपको फोन करूँगा।"

मैंने खुद की जान बचाने के लिए कह तो दिया था लेकिन मैं यह काम कैसे कर पाऊँगा, यह अभी तक मन में संशय बना हुआ था।

"ठीक है।" और उनका फोन बन्द हो गया था।

जान छुड़ाने की नीयत से मैंने उस रोज उस फिल्मी गाने में अपने शब्द बैठा दिए थे। लंच में घर जाने से पहले मैंने वह पैरोडी मखीजा साहब को उनके ऑफिस में जाकर दे दी थी। उन्होंने पढ़कर कहा था, "शब्द तो अच्छे हैं।"

मैंने कहा, "मैम को पसन्द आने चाहिए।"

"आएँगे...जरूर आएँगे।" मखीजा साहब ने मेरा उत्साह बढ़ाने की कोशिश की थी लेकिन मैं जानता था कि उस समय मैं किस यातना से गुजर रहा था। पता नहीं आगे मेरा क्या हश्र होने वाला है, यही सोच-सोचकर मेरा दिल डूबा जा रहा था।

शाम को जब मैं ड्यूटी के बाद घर पहुँचा तो मिसेज मखीजा का फोन आ गया था, "वाल्मीकि जी! गाना अच्छा बना है, सुनाती हूँ आपको।" और उन्होंने पूरा गाना फोन पर गाकर सुना दिया था। जैसे-जैसे गाना आगे बढ़ रहा था, मेरे बुरे दिन शुरू हो रहे थे। अब हर रोज एक गाना लिखने की फरमाइश शुरू हो जाएगी...। ऐसा आभास मुझे होने लगा था। मेरी आशंका सही साबित हुई थी। जब भी उन्हें किसी कार्यक्रम में जाना होता था, उनका फोन आ जाता था और वर्कशॉप के व्यस्ततम क्षणों में मुझे उनका गाना सुनना पड़ता था और फिर एक नई पैरोडी। जब तक मैं जबलपुर में रहा, यह सिलसिला जारी रहा और उस दौरान मैंने एक भी कविता नहीं लिखी थी। मिसेज मखीजा ने जैसे मेरी कविताएँ सुखा दी थीं, जो मेरे लिए गहरे अवसाद का कारण बन रहा था।

लेकिन मिसेज मखीजा का व्यवहार मेरे और चन्दा के लिए अपनेपन से भरा हुआ था। वे चन्दा का बेहद खयाल रखती थीं। सर्वगुण-सम्पन्न महिला थीं। उनका फिल्मी गानों की पैरोडी बनाकर मंचों पर उनको गाना, मेरे गले कभी नहीं उतरा। यह उनका शौक कुछ अलग तरह का था, जिस तरह का सुरीला उनका गला था, वे एक अच्छी गायिका बन सकती थीं लेकिन उनके इस अजीब से शौक ने उन्हें आगे नहीं बढ़ने दिया, ऐसा मुझे लगता है।

हर रविवार को आधा-पौन घंटा चन्दा अपनी अम्मा से फोन पर

बात करती थी। उनके पड़ोस में एक परिवार था, जिनके घर फोन था। उनसे ही कह रखा था कि यदि रविवार को अम्मा को फोन पर बुला दें तो हम बात कर सकते हैं। वे मान गए थे। भले लोग थे। फोन पर अम्मा का एक ही आग्रह रहता था, "वापस देहरादून कब आ रहे हो?"

एक रोज चन्दा ने कहा कि मखीजा साहब से बात करके देखो शायद कुछ मदद कर सकें। मैंने कहा कि कोशिश करते हैं, पता नहीं कुछ कर भी पाएँगे या नहीं क्योंकि ट्रांसफर ऑर्डर ऑर्डनेंस बोर्ड, कोलकाता से आते हैं।

अगले रोज मैंने मखीजा साहब से अपनी समस्या का जिक्र किया। उन्होंने कहा, "आप एक आवेदन लेकर आओ, मैं देखता हूँ, क्या हो सकता है।"

उनका रवैया सकारात्मक था। यह मैंने महसूस किया। अगले ही रोज मैंने ट्रांसफर के लिए एक आवेदन मखीजा साहब को दे दिया था, जिस पर अपना मत लिखकर उन्होंने चेयरमैन बोर्ड, कोलकाता से मेरे स्थानान्तरण की सिफारिश की थी। उन्होंने यह भी आश्वासन दिया था कि मौका मिलते ही वे चेयरमैन से बात भी करेंगे।

एक रोज वर्कशॉप का राउंड लेते हुए उनकी नजर एक साइड में पड़े कुछ कम्पोनेंट पर गई। उन्होंने मुझसे कहा, "आपको पता है ये कम्पोनेंट पिछले कई वर्षों से इसी तरह पड़े हैं। किसी ने इन्हें छुआ तक नहीं है। देखो, शायद आपके हाथ लगाने से यह इंस्ट्रूमेंट असेम्बल हो जाए, कोशिश करके देखो।"

मैंने उस इंस्ट्रूमेंट की ड्राइंग मँगाकर देखी और उन कम्पोनेंट्स को एक-एक कर बाहर निकाला—वर्कर और स्टाफ की एक टीम बनाकर काम शुरू किया। टीम ने काफी लगन से काम किया था। कुछ लोग वर्कशॉप में ऐसे भी थे जो लगातार यही कहते रहे कि यह यहाँ असेम्बल नहीं हो सकता है लेकिन धीरे-धीरे हमारा काम आगे बढ़ने लगा और हम उस यंत्र की अन्तिम असेम्बली तक आ गए थे। बस उसका हाइड्रोरोलिक टेस्ट बाकी था, जो काफी मुश्किल और खतरे से भरा

हुआ था। टेस्ट के समय यंत्र के फटने का डर था, जिसमें किसी की जान भी जा सकती थी।

मैंने मखीजा साहब से बात की। मैंने कहा, "सर! हमें एक सेफ्टी गार्ड की जरूरत है टेस्ट करने के लिए। आप इजाजत दें तो हम यहीं वर्कशॉप में इसे बना सकते हैं।"

हमारे प्रस्ताव को उन्होंने मान लिया था और अगले ही दिन सेफ्टी गार्ड बनाने में हम सफल हो गए थे। सीमेंट और कंक्रीट से हमने एक सेफ्टी गार्ड बना लिया था। जब पहले यंत्र का टेस्ट हम कर रहे थे तो वर्कशॉप के काफी लोग उसे देखने आने लगे थे लेकिन हमने वहाँ भीड़ नहीं लगाने दी थी। जो काम पिछले पाँच वर्षों में नहीं हुआ था, वह आज हो रहा था। यह एक आश्चर्यजनक घटना थी। पहले ही टेस्ट में हम सफल हो गए थे। हमने एक साथ पाँच यंत्र बनाए थे, जिनमें से पहला पास हो गया था। यह खुशखबरी जब हमने मखीजा साहब को दी तो वे खुशी से उछल पड़े थे। मैंने कहा, "सर! एक बार यदि आप स्वयं भी देख लें तो हमें भी खुशी होगी।"

हमने पाँचों यंत्रों का टेस्ट कर लिया था। अगले रोज मखीजा साहब जब आए तो उन्हें दिखाने के लिए हमारे वर्कर बेहद उत्साही दिख रहे थे। यंत्र का टेस्ट उनके सामने भी सफल रहा था। उन्होंने सभी वर्कर्स और स्टाफ को शाबाशी दी थी और साथ ही उन्हें सम्मानित करने का भी आश्वासन दिया था। यह घटना मेरे जीवन की एक उपलब्धि है जो मैंने अपनी इस नौकरी के बीच हासिल की थी। तमाम अन्तर्विरोधों के बीच यह उपलब्धि एक प्रकाश बिन्दु की तरह मुझे रोशनी दे रही थी। अपनी गाड़ी में बैठने से पूर्व उन्होंने कहा, "वाल्मीकि! कल बोर्ड से मेम्बर आ रहे हैं, क्या यह ट्रायल उनके सामने रखा जा सकता है?"

"क्यों नहीं सर! आप बताइए हमें कितने बजे तैयार रहना है।"

"मैं आपको फोन पर बता दूँगा। आप लड़कों को तैयार रखना।"

"ठीक है सर!" मैंने उन्हें आश्वस्त किया।

अगले रोज मेम्बर सीधे हमारी ही वर्कशॉप में आ गए थे। हमारे

वर्कर्स और स्टाफ ने उस ट्रायल को भव्य तरीके से दिखाया था। यंत्र के बारे में पूरी जानकारी डिस्प्ले की गई थी। टैंक और गन के सिस्टम को यह यंत्र किस तरह से संचालित करेगा, यह सब वहाँ दिखाया गया था। हमारा ट्रायल मेम्बर के सामने भी सफल रहा था। मखीजा साहब ने मेम्बर सी.पी. अग्रवाल से मेरा परिचय कराते हुए कहा कि इनकी ही टीम ने इस असम्भव काम को सम्भव कर दिखाया है। पिछले पाँच साल से ये कम्पोनेंट पड़े थे और जंग खा रहे थे। मिस्टर वाल्मीकि ने इन्हें निकालकर दोबारा काम शुरू किया तो देखिए यह सब हो गया। हमारे पाँच यंत्र तैयार हैं।

सी.पी. अग्रवाल ने मुझे बधाई देते हुए कहा था, ''अपनी टीम का नाम बोर्ड में भेजो, मैं कोशिश करूँगा इन सबको सम्मानित किया जाए। आप अपना नाम भी साथ में भेजना।''

मैंने कहा, ''सर! आपका धन्यवाद जो आपने इतने उत्साहवर्धक शब्द हमारे लिए कहे। मैं आज ही अपने वर्कर्स और स्टाफ का नाम भेजता हूँ, लेकिन सर! मुझे अवार्ड नहीं चाहिए।''

अग्रवाल जी मेरी ओर आश्चर्य से देखने लगे, ''क्यों?''

''सर! अवार्ड की जगह मुझे ट्रांसफर चाहिए, वह भी देहरादून।'' मैंने अवसर का लाभ उठाने की कोशिश की। मैं जानता था, यदि अग्रवाल साहब के मन में यह बात बैठ गई तो मेरा ट्रांसफर हो जाएगा।

मखीजा साहब ने भी उनसे कहा, ''सर! ये पारिवारिक कारणों से ट्रांसफर चाह रहे हैं, यदि कुछ हो सकता है तो आप देख लीजिए।''

मखीजा साहब का यह सकारात्मक पक्ष देखकर मैं मन ही मन उनके प्रति गद्‌गद हो गया था।

''आपने आवेदन भेजा है बोर्ड को?'' अग्रवाल साहब ने पूछा।

''जी सर! भेजा है।'' मैंने उत्तर दिया।

''ठीक है, उसकी एक प्रति आप मुझे दीजिए।'' उन्होंने कहा।

मैंने आवेदन की एक प्रति उनको दे दी थी। एक हफ्ते बाद ही मेरा स्थानान्तरण देहरादून हो गया था। इतनी त्वरित कार्रवाई की मैंने कल्पना भी नहीं की थी लेकिन अभी काफी अड़चनें बाकी थीं, जिनसे पार पाना था।

मेरे और मखीजा साहब के बीच एक और बॉस थे—भरत सिंह जी, जो एक डायनामिक अधिकारी माने जाते थे। मेरे तबादले का यह आदेश मार्च के अन्त में आया था, जिसकी भनक भरत सिंह जी को नहीं लगी थी लेकिन फरवरी की शुरुआत में मैंने एक रोज भरत सिंह जी से कहा था, ''सर! मैं तबादले की कोशिश में लगा हूँ। कभी भी मेरे लिए बोर्ड से आदेश आ सकता है इसलिए आपको अग्रिम सूचना दे रहा हूँ कि आप मेरे स्थान पर किसी अन्य अधिकारी को लाने की कोशिश कीजिए ताकि आदेश आते ही आप मुझे जाने दें।''

भरत सिंह मेरा मुँह देख रहे थे। उन्होंने मुझे ऊपर से नीचे तक कुछ इस अन्दाज में देखा, जैसे कह रहे हों—'अच्छा! ट्रांसफर के सपने देख रहे हो, वह भी जी.सी.एफ. में से।' अजीब-सी मुख-मुद्रा बनाकर बोले, ''ट्रांसफर! इतना आसान है, ऐसे कैसे चले जाओगे, भूल जाओ ट्रांसफर के बारे में, जाओ अपना काम देखो। दोबारा हम इस विषय में बात नहीं करेंगे।''

पैंट की जेब में हाथ डालकर कुछ इस मुद्रा में जाने के लिए मुड़े जैसे उन्होंने कोई किला फतह कर लिया हो। एकबारगी तो मुझे लगा कि फँस गए हैं। अब यहाँ से निकलना इतना आसान नहीं होगा। मेरे तबादले को लेकर झंझट पैदा करेंगे। ये संकेत उन्होंने दे दिए थे। कुछ देर तक मैं उसी जगह खड़ा सोचता रहा कि इस सामन्ती अधिकारी से कैसे निबटा जाएगा। इसी उधेड़बुन में मैं अपने ऑफिस में आकर बैठ गया था। मेरे मस्तिष्क में उस वक्त सिर्फ भरत सिंह घूम रहा था।

अगले रोज बातों-बातों में पता चला कि उसके अधीन कार्यरत तीन-चार अधिकारियों के तबादले, जो बोर्ड से स्वीकृत होकर आ चुके

थे, भरत सिंह खारिज करा चुके थे, यानी इस बार मेरा नम्बर भी हो सकता है।

तबादले की सूचना मुझे रात में मेरे एक परिचित अधिकारी ने दे दी थी, जो उन दिनों बोर्ड में ही पोस्टेड थे। चन्दा के लिए यह एक बड़ी खबर थी। सुबह होते ही जब मैं ड्यूटी पहुँचा तो पहले महाप्रबन्धक के कार्यालय में पहुँचकर पता किया। पी.ए. मुझे देखते ही चौंका, ''क्या बात है! मतलब हमसे पहले आपको खबर मिल गई है!''

उनके इस जुमले से मैंने अन्दाज लगा लिया था कि आदेश आ चुका है, फिर भी मैंने पक्का करने के लिए पी.ए. से पूछा, ''इसका मतलब मेरा तबादला हो गया है।''

''हाँ, हो गया है लेकिन तुम्हें भरत सिंह जाने नहीं देगा।'' उसने अपने मन की बात कह दी थी।

शायद उसे भरत सिंह के रवैए का अन्दाज था। उसी ने मुझे बताया था कि उसके अधीन कार्यरत किसी भी ऑफिसर या स्टाफ का ट्रांसफर आया लेकिन उसने उन्हें जाने नहीं दिया। आखिर तबादले का आदेश लांग रन में कैंसिल ही हो जाता था। इसका मतलब यह था कि भरत सिंह कोई न कोई पंगा जरूर करेगा। मैंने मखीजा साहब से भी बात करने का मन बना लिया था। मुझे उम्मीद थी कि मखीजा साहब मेरी मदद जरूर करेंगे। महाप्रबन्धक कार्यालय से मैं सीधा अपनी वर्कशॉप में आ गया था और मखीजा साहब के आने का इन्तजार करने लगा था। वे अपने नियत समय पर आए थे। आते ही उन्होंने मुझे बधाई दी और गर्मजोशी से हाथ भी मिलाया था।

मैंने पहले तो उनका आभार व्यक्त किया, बाद में कहा, ''लेकिन सर! तबादला तो हो गया है, पर एक बहुत बड़ा गतिरोध है, उसे भी आप ही दूर करेंगे।''

उन्होंने मेरी ओर प्रश्नवाचक दृष्टि से देखा। मैंने कहा, ''सर! भरत सिंह जी रुकावट डाल सकते हैं। आप ही कुछ कर पाएँगे।''

''जी.एम. से बात करेंगे, डोंट वरी। यहाँ तक हुआ है तो आगे भी

हो जाएगा। तुम एक बार भरत सिंह से मिलकर बात करो। हो सकता है तुम्हारे प्रति उनकी राय बदली हो। इस साल तो उत्पादन लक्ष्य भी समय से पहले पूरा हुआ है।'' मखीजा साहब ने उम्मीद बँधाई।

अगले रोज मैं भरत सिंह से उनके केबिन में बात करने के उद्देश्य से गया। मुझे देखते ही उन्होंने बैठने का इशारा किया। मैं बठ गया था।

''बताओ, क्या बात है?'' भरत सिंह ने सीधे-सीधे सवाल किया।

''सर! मेरे तबादले का आदेश आ गया है। आप यदि मुझे जल्दी जाने की इजाजत देंगे तो मेरे लिए आसान होगा।'' मैंने बिना किसी भूमिका के सीधे-सीधे बात की।

''मि. वाल्मीकि! मैंने आपसे पहले भी कहा था कि आपको छोड़ना मेरे लिए मुमकिन नहीं है। एक साल और रुको, मैं आपका ट्रांसफर जहाँ कहोगे करा के दूँगा लेकिन अभी मैं आपको नहीं छोड़ सकता।'' भरत सिंह ने एक-एक शब्द पर जोर देकर कहा था।

क्षण भर को मैं खामोशी से सोचता रहा लेकिन जल्दी ही उनके द्वारा व्यक्त झाँसे से बाहर आकर मैंने पूछा, ''इसकी कोई खास वजह है?''

''मुझे फैक्टरी बन्द नहीं करनी है। बेहतर होगा आप इस फैक्टरी के हित में देहरादून जाने का खयाल मन से निकाल दें।'' भरत सिंह ने साफ शब्दों में कहा।

''इसका यह भी तो अर्थ निकलता है कि मेरे आने से पहले क्या यहाँ उत्पादन नहीं होता था, यानी यह फैक्टरी बन्द पड़ी थी या कल आपका स्थानान्तरण किसी दूसरी फैक्टरी में हो जाता है तो यह फैक्टरी बन्द हो जाएगी?'' मैंने तर्क देने की कोशिश की।

''मुझे यह सब सुनने की आदत नहीं है, आप जो चाहे समझें। मैं आपको यहाँ से जाने देने के पक्ष में नहीं हूँ।'' भरत सिंह ने साफ साफ कहा।

''ठीक है सर! यदि आपको मेरी व्यक्तिगत समस्याओं से कोई लेना-देना नहीं है तो मुझे भी लगता है कि मैं अपने तरीके से अपनी पारिवारिक समस्याओं को सुलझाने की कोशिश करूँगा। मुझे नहीं मालूम

था कि आपसे कोई उम्मीद रखना गलत है। अब आगे से मैं भी अपने ढंग से काम करूँगा। यदि ईमानदारी और लगन से काम करने का यह फल मिलता है तो ठीक है, आपकी मर्जी। अब मैं आपके पास नहीं आऊँगा निवेदन करने, धन्यवाद सर!'' कहते हुए मैं उठकर चल दिया था। उस वक्त गुस्से से मेरी कनपटियाँ फट पड़ने को थीं लेकिन किसी तरह मैंने संयम रखा था।

भरत सिंह ने सोचा भी नहीं था कि कोई उनसे इस तरह बात कर सकता है क्योंकि उनका तौर-तरीका राजस्थानी सामन्तों जैसा था, जो अपने सामने किसी को कुछ भी नहीं समझते थे।

सबसे पहले मैंने उनको उत्पादन रिपोर्ट देनी बन्द की। दूसरे, जब वे वर्कशॉप में आते, मैं किसी न किसी बहाने वर्कशॉप से बाहर निकल जाता। हफ्ते भर यह सब चलता रहा। एक दिन उनके पी.ए. का फोन आया, ''साहब बुला रहे हैं।''

''ठीक है, फुर्सत मिलते ही आऊँगा।'' मैंने पी.ए. को टाल दिया था।

अगले रोज वे फैक्टरी गेट से सीधे मेरी वर्कशॉप में आ गए थे। आते ही सीधे पूछा, ''कब जाना चाहते हो?''

''अभी इसी वक्त।'' मैंने भी उसी तरह उत्तर दिया।

''इतनी जल्दी क्यों?'' भरत सिंह ने सवाल किया।

''अब यहाँ काम करने का मन नहीं है।'' मैंने काफी कटुता से कहा था।

''ठीक है, पी.ए. से कहकर चिट्ठी बनवा लो, मैं हस्ताक्षर कर दूँगा।'' कहते हुए वे वर्कशॉप से बाहर चले गए थे। मैंने गहरी साँस लेते हुए अपने आपको तसल्ली दी थी कि चलो, इस सामन्त से भी छुटकारा मिला।

और उसी सप्ताह शनिवार की रेलगाड़ी 'गोंडवाना एक्सप्रेस' में असंग घोष जी ने वी.आई.पी. कोटे से दो टिकट बुक कराकर दिए थे।

देहरादून

ओ.एल.एफ. देहरादून में मैंने 29 अप्रैल, 2001 को अपनी ड्यूटी ज्वाइन कर ली थी। उस वक्त शिवबाबू मिश्र ओ.एल.एफ. में उप-महाप्रबन्धक (प्रशासन) के पद पर कार्यरत थे। साहित्यिक अभिरुचि सम्पन्न अधिकारी थे। उनकी दो पुस्तकें उस समय तक प्रकाशित हो चुकी थीं। जबलपुर रहते हुए उनसे पत्र-व्यवहार होता रहा था। मेरे आने की खबर उन्हें पहले ही मिल चुकी थी। उनके वहाँ होने की मुझे बेहद खुशी थी। उन्होंने उसी दिन मेरे लिए एक अच्छे सरकारी आवास की व्यवस्था कराने में अहम भूमिका निभाई थी। सेवानिवृत्त होने तक हम उसी आवास में रहे थे।

मेरी पोस्टिंग प्लानिंग विभाग में हुई थी, जिसके ग्रुप अधिकारी राजीव गुप्ता जी थे, जिनके साथ मुझे तालमेल बैठाने में ज्यादा दिक्कत नहीं आई थी। मैं पहले भी ओ.एल.एफ. में लम्बे समय तक रहा था इसलिए ज्यादातर स्टाफ और वर्कर्स को मैं व्यक्तिगत तौर से जानता था। प्लानिंग में मेरे आ जाने से कुछ स्याफ ऐसे भी थे जिन्हें वहाँ मेरी उपस्थिति खल रही थी लेकिन मैंने बिना किसी प्रकार की प्रतिक्रिया व्यक्त किए वहाँ अपना काम शुरू कर दिया था। जब तक राजीव गुप्ता जी उस विभाग के अधिकारी रहे, सब ठीक था लेकिन उनका स्थानान्तरण हो जाने से उनकी जगह अमित मेहता आ गए थे। पहले ही दिन से उनका व्यवहार मेरे साथ बेहद रूखा और असहनीय था। वे साफतौर पर तो कुछ नहीं कह रहे थे लेकिन उन्होंने मुझे इतना अहसास जरूर करा दिया था कि वे दलित वर्ग के अधिकारी को अपने साथ बैठा देखने के आदी नहीं थे। इन स्थितियों को देखकर भी मैं शान्त था क्योंकि मैं अपनी ओर से कोई पहल नहीं करना चाहता था। जी.सी.एफ. में जिस तरह मैंने मि. वार्ष्णेय के दम्भ को बिना उत्तेजित हुए सहन किया था, वैसी ही स्थिति यहाँ भी बन रही थी। मैं चाहता था कि वे मेरी जाति से मेरा मूल्यांकन न करें बल्कि मुझे काम करने का मौका दें। यदि उसमें

मैं खरा नहीं उतरता हूँ तो फिर वे जो चाहें करें लेकिन अकसर ऐसा नहीं होता था। अनेक अधिकारी जाति के पूर्वग्रहों से जकड़े हुए थे। उनमें से अमित मेहता भी एक थे।

अकसर शिवबाबू मिश्र से रोज ही मुलाकात होती थी। सरकारी काम के साथ-साथ कुछ साहित्यिक चर्चा भी हो जाती थी। उनका व्यवहार मेरे साथ सहज और अनौपचारिक था। कार्यालय में मैं उनसे काफी नीचे के पद पर था लेकिन उन्होंने कभी भी यह अहसास नहीं होने दिया कि वे मुझसे बड़े अधिकारी हैं। वे मुझे नाम से नहीं बुलाते थे बल्कि 'भैया जी' कहकर बुलाते थे। कुछ अधिकारी ऐसे भी थे जिन्हें यह ठीक नहीं लगता था लेकिन शिवबाबू मिश्र ने कभी भी उन अधिकारियों की परवाह नहीं की। ऑफिशियल सभाओं में भी वे मुझे भैया जी कहकर ही सम्बोधित करते थे। ऑर्डनेंस फैक्टरी के इतिहास में शायद एकमात्र उदाहरण रहा होगा, जो एक वरिष्ठ अधिकारी अपने कनिष्ठ अधिकारी को भैया जी कहकर सम्बोधित करता रहा है। यही कारण था कि शिवबाबू मिश्र मेरे परिवार के एक बड़े सदस्य के रूप में बहुत जल्दी ही शामिल हो गए थे। चन्दा उन पर बेहद विश्वास करती थी। घर की छोटी से छोटी समस्या पर चन्दा के लिए शिवबाबू मिश्र की राय पत्थर की लकीर होती थी।

संजय खैरवाल काफी संघर्ष कर चुका था लेकिन वह कहीं भी ठीक से पैर नहीं जमा पा रहा था। मुम्बई, लुधियाना आदि जगहों की खाक छानकर वापस देहरादून आ गया था। मुम्बई में वह काफी समय रहा था लेकिन उसे कोई ढंग की फिल्म नहीं मिली थी। देहरादून आकर उसने कुछ सीरियल बनाए थे। इधर-उधर काफी हाथ-पैर मार रहा था लेकिन जिन्दगी को सही ढंग से चलाने के लिए जो सफलता मिलनी चाहिए थी, वह उसे नहीं मिल पा रही थी। उसके पिताजी और माँ काफी परेशान थे। शादी भी उसने अभी तक नहीं की थी। यह भी उन दोनों की चिन्ता का सबब था। एक रोज विमला भाभी जी ने मेरे सामने यह समस्या रखी कि उसे समझाओ कि शादी तो कर ले। उनका

वह इकलौता बेटा था। बड़ी लड़की मंजू की शादी वे काफी पहले कर चुके थे। मैंने उन्हें आश्वासन दिया था कि मैं संजय से बात करूँगा। मैंने चन्दा को यह काम सौंपा कि वह क्या चाहता है, यह पता करे।

चन्दा ने उससे बात की थी। शादी के लिए वह तैयार था लेकिन उसका कोई भी काम जम नहीं रहा था इसलिए वह आनाकानी कर रहा था। आखिर में उसने हाँ कर दी थी। मेरी नजर में एक लड़की थी। बात चलाई और एक महीने के भीतर शादी हो गई थी। शादी के तीन दिन बाद ही मेरा और चन्दा का एक्सीडेंट हो गया था। हम लोग स्कूटर से जा रहे थे कि साइड से जाते एक 'विक्रम' ने हमें डैश कर दिया था। मुझे ज्यादा चोट नहीं आई थी लेकिन चन्दा के हाथ और रीढ़ की हड्डी में काफी चोट लगी थी। हाथ पर प्लास्टर चढ़ाया गया था। उस वक्त शिवबाबू मिश्र और सुभाष चन्द्र कुशवाहा ने मुझे काफी हौसला दिया था। सुभाष चन्द्र कुशवाहा उन दिनों देहरादून में ही आर.टी.ओ. के पद पर कार्यरत थे। वह समय मेरी जिन्दगी का एक कठिन दौर था लेकिन इन दोनों ने जिस तरह मुझे बुरे समय से बाहर निकालने में ताकत दी, वह मेरे लिए किसी उपलब्धि से कम नहीं था।

सरकारी आवास सी-5/2 के आसपास रहनेवाले सभी लोगों ने हर तरह से हमारी मदद की थी। सामने राजेन्द्र प्रसाद जखमोला रहते थे। उनकी पत्नी प्रतिमा ने चन्दा की जिस तरह देखभाल की, वह सचमुच मेरे लिए किसी सौगात से कम नहीं था। महेश ने पूरे एक सप्ताह अपनी पत्नी पिंकी को चन्दा की देखभाल करने के लिए हमारे पास छोड़ा था। यह एक बहुत बड़ा सहारा था। विजेन्द्र लगातार हरिद्वार और मुरादाबाद से आता रहा था। जिस रोज चन्दा के हाथ का प्लास्टर खुला तो काफी राहत मिली थी लेकिन जैसे विपदाएँ दरवाजे पर खड़ी हमारा इन्तजार ही कर रही थीं।

हरिद्वार से एक रिश्तेदार की मृत्यु का समाचार मिला तो मैं वहाँ जाने के लिए सुबह ही घर से निकल गया था। उस समय चन्दा ठीक थी लेकिन जैसे ही मैं हरिद्वार से देहरादून आने के लिए बस में बैठा, मिसेज जखमोला का फोन आया, "भाई साहब! आप इस वक्त कहाँ हैं?"

मैंने उत्तर दिया, "हरिद्वार में हूँ, देहरादून आने के लिए बस में बैठ चुका हूँ।"

"ठीक है, कहीं रुकना मत सीधे घर आइए।" मिसेज जखमोला ने कहा।

"क्या बात है? सब ठीक तो है?" मेरी चिन्ता बढ़ने लगी थी।

"चन्दा भाभीजी की तबीयत ठीक नहीं है, उन्हें अस्पताल लेकर आए हैं।" मिसेज जखमोला ने कहा।

"हुआ क्या है?" मैंने पूछा।

"आप चिन्ता न करें, सब ठीक है...बस सीधे अस्पताल ही आ जाना, हम सब वहीं हैं।" मिसेज जखमोला ने कहा।

मेरे लिए देहरादून का रास्ता कई गुना लम्बा हो गया था, जो काटे नहीं कट रहा था। तरह-तरह के खयाल मन में आने लगे थे लेकिन यह समझ में नहीं आ रहा था कि अचानक क्या हो गया है, जो अस्पताल ले जाना पड़ा।

जैसे ही बस ने देहरादून में प्रवेश किया। शिवबाबू मिश्र का फोन आ गया था, "भैया जी! कहाँ तक पहुँचे हो?"

"देहरादून पहुँच चुका हूँ, आप कहाँ हैं?" मैंने पूछा।

"चिन्ता मत करो, आराम से आओ, हम सब अस्पताल में हैं, मिसेज वाल्मीकि ठीक हैं, बस थोड़ा घबराई हुई हैं, किसी भी तरह की जल्दबाजी मत करना। हम लोग यहाँ हैं।" शिवबाबू मिश्र जी ने मुझे आश्वस्त करने की कोशिश की थी।

मैं प्रिंस चौक पर बस से उतर गया था। वहाँ से थ्री व्हीलर पकड़कर अस्पताल पहुँचा। देखा तो वहाँ भीड़ लगी है। मैं बुरी तरह से घबरा गया था कि इतने लोग वहाँ क्यों हैं! वे सभी मेरा इन्तजार कर रहे थे। मुझे देखते ही कई लोग एक साथ बोलने लगे, ''वाल्मीकि जी आ गए हैं।''

बरामदे में शिवबाबू मिश्र खड़े थे। मुझे देखकर बोले, ''आ गए, चलो अन्दर चलो पहले।''

वे मुझे चन्दा के पास ले गए। देखा तो वहाँ दो डॉक्टर खड़े हैं और चन्दा को समझाने की कोशिश कर रहे हैं कि आपको कुछ नहीं हुआ है, आप घबर रही हैं, शान्त हो जाइए लेकिन चन्दा लगातर उन्हें समझाने की कोशिश कर रही थी कि उन्हें हुआ क्या है। डॉक्टर परेशान थे। उन्हें सूझ ही नहीं रहा था कि क्या करें! मुझे देखते ही चन्दा शान्त हो गई थी लेकिन उसकी परेशानी कम नहीं हुई थी।

मैंने चन्दा से पूछा, ''क्या हुआ है?''

''कमर से ऊपर का मेरा शरीर काम नहीं कर रहा है, मैं उठ नहीं सकती। मुझे यहाँ से कहीं और ले चलो, इन सरकारी डॉक्टरों को तो कुछ समझ ही नहीं आ रहा है...कुछ करो...मेरी हालत ठीक नहीं है।''

''ठीक है। तुम थोड़ी देर के लिए शान्त हो जाओ, मैं डॉक्टर से बात करके फिर तुम्हें किसी दूसरे अस्पताल में लेकर चलता हूँ।''

मैं जैसे ही बाहर डॉक्टर के पास जाने लगा, चन्दा जोर से चिल्लाई, ''मुझे अकेला छोड़कर कहीं मत जाओ...मुझे डर लग रहा है।''

''ठीक है, मैं कहीं नहीं जा रहा हूँ लेकिन डॉक्टर से तो बात करनी होगी।'' मैंने चन्दा को समझाने की कोशिश की।

''मिश्रा भाई साहब को बोलो जो भी बात करनी है, वे कर लेंगे, तुम यहीं रहो मेरे पास।'' वह बोली।

अजीब स्थिति थी। मैंने मिश्रा जी से कहा, ''डॉक्टर को यहीं बुला लीजिए...आखिर इन्हें हुआ क्या है?''

शिवबाबू मिश्र डॉक्टर को बुलाने चले गए थे। इतनी देर में मिसेज

जखमोला भी अन्दर आ गई थीं। उनके चेहरे पर भी चिन्ता की लकीरें गहरा गई थीं। उन्होंने कहा, ''भाई साहब! आप किसी बड़े डॉक्टर से बात करो। इनकी हालत ठीक नहीं है। फैक्टरी अस्पताल के भरोसे मत रहो।''

''हाँ, मैं इन्हें अभी किसी बड़े अस्पताल में लेकर जाऊँगा...आप निश्चिन्त रहें।'' मैंने उन्हें आश्वस्त किया।

शिवबाबू मिश्र डॉक्टर को साथ लेकर आ गए थे। मुझे देखते ही कहने लगे, ''मि. वाल्मीकि! ये ठीक हैं, सुबह तक नॉर्मल हो जाएँगी। इनके साथ जो आज हुआ है उससे ये घबरा गई हैं, चिन्ता जैसी कोई बात नहीं है। आज रात इन्हें यहाँ आराम करने दीजिए। मैंने दवाई लिख दी है। एक-दो खुराक से ही इन्हें आराम महसूस होगा।''

मुझे लगा कि डॉक्टर ज्यादा सीरियसली नहीं ले रहे हैं। डॉक्टर के चले जाने के बाद मैंने मिश्रा जी से कहा, ''इनकी तबीयत वाकई ज्यादा खराब है लेकिन डॉक्टर का जिस तरह से कहना है, मुझे नहीं लगता कि उन्होंने कुछ खास दवाई लिखी होगी। कहीं नींद की दवा तो नहीं दी है?''

डॉक्टर की पर्ची देखकर शिवबाबू मिश्र भी मेरी बात से सहमत हुए थे। मैंने अपने एक परिचित डॉक्टर ओ.पी. श्रीवास्तव से फोन पर बात की और उन्हें चन्दा की तकलीफ के लक्षण बताए। मेरी बात सुनते ही वे बोले, ''यह तो लगता है स्पॉण्डिलाइटिस का अटैक है। ऐसा करो फिलहाल उन्हें ये दो टैबलेट्स दे दो। किसी को भेजकर मँगा लो। यदि वे हिलडुल सकती हैं तो दून अस्पताल लेकर आ जाओ, मैं वहीं मिल जाऊँगा, नहीं तो कल सुबह लेकर आ जाना। घबराने जैसी कोई बात नहीं है।''

वह रात काफी परेशानी में बीती थी। उस वक्त विजय गौड़ और रामभरत राम मेरे साथ रात भर अस्पताल में रहे थे। सुबह ही शिवबाबू मिश्र अस्पताल आ गए थे।

मैंने उनसे कहा, ''मैं इन्हें लेकर सी.एम.आई. जा रहा हूँ। राजेन्द्र

गुप्ता से मेरी बात हो गई है। उसने डॉक्टर कुडियाल से बात की है, राजेन्द्र गुप्ता हमें वहीं मिलेंगे।''

शिवबाबू मिश्र ने गाड़ी की व्यवस्था कर दी थी और हम लोग सी.एम.आई. के लिए निकल पड़े थे। ऑर्डनेंस फैक्टरी अस्पताल के डॉक्टर मेरे इस निर्णय से नाराज हुए थे। उन्होंने अपने रजिस्टर में साफ-साफ लिख दिया था कि मि. वाल्मीकि मिसेज वाल्मीकि को अपने रिस्क पर बिना डॉक्टर की सलाह के लेकर जा रहे हैं, कुछ भी गलत होने पर मि. वाल्मीकि जिम्मेदार होंगे।

लेकिन मेरे इस निर्णय में शिवबाबू मिश्र की सहमति शामिल थी। सी.एम.आई. में राजेन्द्र गुप्ता बाहर ही मिल गए थे। वहाँ की तमाम औपचारिकताएँ शिवबाबू मिश्र ने पूरी की थीं।

डॉ. कुडियाल ने चन्दा से बातचीत की, फिर मुझसे कुछ सवाल किए। उन्होंने चन्दा को भर्ती करने के लिए कहा। तब तक वे चन्दा को एक इंजेक्शन दे चुके थे, जिससे चन्दा आराम महसूस कर रही थी। डॉ. कुडियाल ने कहा, ''दो-चार दिन में नॉर्मल हो जाएँगी लेकिन इन्हें अकेला मत छोड़िए, ये बेहद डर गई हैं, बाकी कोई घबरानेवाली बात नहीं है।''

चन्दा ने उस रोज की घटना जब मुझे विस्तार से बताई तो क्षण भर को तो मैं भी सकते में आ गया था। चन्दा ने बताया—दोपहर को वह लेट गई थी। टी.वी. देखने लगी। लगभग 3 बजे टॉयलेट के लिए जब वह उठने लगी तो उससे उठा नहीं गया। कई बार कोशिश करने के बाद भी जब वह नहीं उठ पाई तो घबरा गई। उसकी समझ में यह नहीं आ रहा था कि आखिर हुआ क्या है ? बाहर का दरवाजा बन्द था, किसी के आने की सम्भावना भी नहीं थी। मैं हरिद्वार गया हुआ था, ऊपरी मंजिल पर इन्द्रमणि रहते थे, उनकी पत्नी और बच्चों की आवाज आ रही थी। कॉलोनी का यह वह समय होता है जब ज्यादातर लोग

अपनी ड्यूटी पर होते हैं। घरों में सिर्फ घरेलू महिलाएँ या बच्चे होते हैं।

बिस्तर पर किसी तरह घिसटते हुए वह खिड़की की साइड में पलंग पर आ गई थी ताकि खिड़की से किसी को आवाज लगा सके। उसे यह तो अहसास हो गया था कि शरीर का ऊपरी हिस्सा उठ नहीं रहा है। दिमाग उस समय भी ठीक से काम तो कर रहा था लेकिन बाहर का दरवाजा बन्द होने के कारण कोई मदद के लिए भी नहीं आ सकता था। खिड़की की साइड आते ही चन्दा ने जोर-जोर से चिल्लाना शुरू किया, ''प्रशान्त की मम्मी जल्दी आओ, मैं मर रही हूँ, मुझे बचाओ।'' कई बार आवाज देने के बाद प्रशान्त ने आवाज सुन ली थी, ''मम्मी! लगता है चन्दा आंटी आपको आवाज दे रही हैं।'' चन्दा फिर से चिल्लाई।

इस बार प्रशान्त की मम्मी मीनाक्षी ने उनकी आवाज सुन ली थी। वे जल्दी से नीचे आईं। देखा दरवाजा बन्द है। बाहर से आवाज दी, ''चन्दा भाभी जी! क्या हुआ?''

''मीनाक्षी! जल्दी कुछ करो, मैं मर रही हूँ।'' मीनाक्षी ने दरवाजा पीटना शुरू कर दिया लेकिन दरवाजा अन्दर से बन्द था। मीनाक्षी जोर-जोर से रोने लगी, जिसे सुनकर आसपास की सारी महिलाएँ एकत्र हो गई थीं। उनकी समझ में नहीं आ रहा था कि क्या करें। किसी का ध्यान गया, ''अरे! हो सकता है बालकनी का दरवाजा खुला हो।''

दूसरी ने कहा, ''लेकिन बालकनी पर चढ़ेंगे कैसे?''

तीसरी ने सुझाव दिया, ''आसपास कोई बड़ा बच्चा हो, उसे देखो। किसी तरह उसे बालकनी में चढ़ाने की कोशिश करेंगे।''

आस-पड़ोस की सभी महिलाओं की एकजुटता से रास्ता निकल गया था। इसी बीच सामनेवाले जखमोला का छोटा बेटा रोहित स्कूल से लौट आया था। जब उसे पता चला कि चन्दा आंटी किसी मुसीबत में हैं, उसने बालकनी में चढ़कर अन्दर जाने का मन बना लिया था। एक महिला ने कहा कि किसी के पास कोई सीढ़ी हो या कोई चारपाई, उससे ऊपर चढ़ा जा सकता है। सीढ़ी तो नहीं मिली थी लेकिन एक रस्सीवाली चारपाई उन्हें मिल गई थी, जिस पर चढ़कर रोहित बालकनी

में चढ़ गया था। जैसे ही वह बालकनी में पहुँचा और उसने दरवाजे को हाथ लगाया तो दरवाजा खुला हुआ था। वह जोर से चिल्लाया, "दरवाजा खुला है।"

सारी महिलाएँ एक साथ चिल्लाईं, "रोहित! बाहर का दरवाजा खोलो।"

रोहित पहले आंटी को देखने गया था, "आंटी! आप घबराओ मत, दरवाजा खोल रहा हूँ।" और उसने बाहर का दरवाजा खोल दिया था।

दरवाजा खुलते ही सारी महिलाएँ अन्दर आ गई थीं। चन्दा को देखते ही बोलीं, "क्या हुआ?"

"मुझे नहीं मालूम, मैं उठ नहीं पा रही हूँ। रोहित की मम्मी पहले मुझे टॉयलेट कराओ।"

महिलाओं ने चन्दा को उठाकर टॉयलेट में ले जाने की कोशिश की लेकिन वे चन्दा को किसी भी तरह से उठा नहीं पा रही थीं।

रोहित की मम्मी ने कहा, "रुको, मैं कोई बड़ा-सा बर्तन लाती हूँ।"

टॉयलेट की समस्या के बाद अब आगे क्या करना है, इसे लेकर वे सभी चिन्तित हो गई थीं।

एक ने कहा, "वाल्मीकि भाई साहब को खबर करो।"

रोहित की मम्मी ने कहा, "वे तो बाहर गए हुए हैं। हरिद्वार में किसी रिश्तेदारी में कोई गुजर गया है, शाम तक ही लौटेंगे। तब तक इन्हें हम लोग अस्पताल लेकर चलते हैं, कोई अस्पताल में फोन करके एम्बुलेंस बुलाओ।"

एम्बुलेंस आ गई थी लेकिन एम्बुलेंस के साथ अस्पताल का कोई भी कर्मचारी नहीं था, जो स्ट्रेचर पर लिटाकर उन्हें पहली मंजिल से नीचे उतार सके। सभी महिलाओं ने हिम्मत दिखाई थी और मिल-जुलकर उन्हें काफी मशक्कत के बाद एम्बुलेंस तक उतारा था और उन्हें लेकर अस्पताल गई थीं।

इस घटना की खबर जब फैक्टरी में पहुँची तो लोग अस्पताल पहुँचने लगे थे। किसी ने शिवबाबू मिश्र को भी खबर कर दी थी। अस्पताल में लोगों का जमघट लग गया था।

जब मुझे यह सब पता चला कि महिलाओं ने किस हौसले और समझदारी से चन्दा की मदद की, सच कहता हूँ, मेरा दिल भर आया था। मेरी अनुपस्थिति में जिस तरह से उन्होंने मेरी पत्नी को ऐसी विकट स्थिति से निकालकर अस्पताल पहुँचाया, यह मेरे लिए एक बहुत बड़ा अहसान था उनका। महिलाओं के ऐसे हौसले को मैं सलाम करता हूँ। साथ ही उन सबका आजीवन आभारी रहूँगा, जिन्होंने मेरी पत्नी को हौसला दिया। मेरे जीवन की यह एक बहुत बड़ी घटना थी। ऐसे में कुछ भी हो सकता था लेकिन बुरे वक्त को अच्छे में बदलने का जो हौसला महिलाओं ने दिखाया, वह एक बहुत बड़ा काम था। उस रोज मुझे लगा कि साधारण से दिखनेवाले लोगों के बीच रहने का मेरा निर्णय कितना सही था। यदि यही घटना ऑफिसर्स कॉलोनी में हो जाती तो किसी को पता भी नहीं चलता और चन्दा के साथ कुछ भी अवांछित घट सकता था।

पाँच दिन बाद डॉक्टर कुडियाल से चन्दा ने कहा, ''डॉक्टर साहब! मुझे घर जाना है।''

डॉक्टर साहब बोले, ''ठीक है, जरूर जाओगी लेकिन एक शर्त है अपने बेड से उठकर जब मेरे ऑफिस तक बिना किसी सहारे के चलकर जाओगी तभी मैं आपको घर जाने की अनुमति दे सकता हूँ।''

अगले दिन से ही चन्दा ने अस्पताल के बरामदे में थोड़ा-थोड़ा चलना शुरू कर दिया था लेकिन मैं एक मिनट के लिए भी वहाँ से नहीं हट सकता था। इस घटना ने चन्दा के मन में एक दहशत बैठा दी थी। मैं जरा-सा भी इधर-उधर होता तो चन्दा घबरा जाती थी। उस समय मेरे लिए ऑफिस जाना भी सम्भव नहीं हो रहा था। मेरी इस स्थिति का

लाभ उठाने का मौका अमित मेहता को मिल गया था। उन्होंने महाप्रबन्धक को वस्तुस्थिति न बताकर मेरी शिकायत कर दी कि मि. वाल्मीकि लम्बे समय से ड्यूटी नहीं आ रहे हैं जबकि मैंने छुट्टी के लिए बाकायदा आवेदन किया हुआ था, जिसमें साफतौर से लिख दिया था कि मेरी पत्नी का स्वास्थ्य खराब है, वे अस्पताल में भर्ती हैं, उसके बावजूद अमित मेहता ने तथ्यों को छिपाकर मेरी शिकायत महाप्रबन्धक को की थी और यह भी कहा कि मुझे वाल्मीकि नहीं चाहिए। मैं उनके बगैर अपना अनुभाग चला सकता हूँ। बेहतर होगा उन्हें कहीं और पोस्ट करा दें। जिस लहजे में अमित मेहता ने ये बातें कहीं थीं, वह बहुत गलत था। संयोग से उस वक्त शिवबाबू मिश्र भी वहाँ मौजूद थे। उन्हीं से मुझे यह सब पता चल सका था। महाप्रबन्धक ने मेरा ट्रांसफर यार्ड अनुभाग में कर दिया था, जहाँ सफाई कर्मियों, लेबरर्स आदि को मुझे देखना था। लोगों की ऐसी मान्यता थी कि उस अनुभाग में निकम्मे लोगों का ही ट्रांसफर किया जाता है, यानी मुझे भी निकम्मे की श्रेणी में डालने में अमित मेहता सफल हो गए थे।

उस विभाग के अधिकारी शिवबाबू मिश्र थे। उन्होंने मुझे हौसला देते हुए कहा था, "भैयाजी! आप इसे मन में न लगाएँ, इसी में से रास्ता निकलेगा और अमित मेहता गलत साबित होंगे।"

मेरा यह ट्रांसफर पूरी फैक्टरी में चर्चा का विषय बन गया था। यहाँ तक कि यूनियन ने भी महाप्रबन्धक के इस निर्णय पर एतराज जताया था लेकिन मैंने बिना किसी विरोध के उस अनुभाग का कार्यभार सँभाल लिया था। कुछ ऐसे भी लोग थे जिनकी प्रतिक्रिया इस ट्रांसफर पर कुछ ऐसे शब्दों में सुनाई पड़ी थी—जिस लायक थे, वहीं पहुँचा दिया—यानी उस अनुभाग में जो फैक्टरी की साफ-सफाई करता है। इन प्रतिक्रियाओं पर मैंने स्वयं को शान्त रखा था। मैं जानता था यह जो हुआ है इसके पीछे मेरा सरनेम है, जो बीच-बीच में मुझे मेरी औकात बताता रहता है लेकिन इन स्थितियों से निकलना मुझे आ गया था इसलिए मैंने सीधे-सीधे टकराव की बजाय दूसरा रास्ता अपनाया था।

भारतीय उच्च अध्ययन संस्थान, राष्ट्रपति निवास, शिमला की चिट्ठी मुझे दिसम्बर में मिल गई थी, जिसमें छह महीने के भीतर ही संस्थान में रिपोर्ट करनी थी। उससे पहले दिसम्बर, 2010 में भी ऐसी ही चिट्ठी आ चुकी थी लेकिन सेवानिवृत्ति के बाद अपना घर न होने की गम्भीर समस्या मेरे सामने खड़ी थी। मेरे पास सेवानिवृत्ति के बाद रहने की कोई जगह नहीं थी। सरकारी मकान में ज्यादा से ज्यादा छह महीने रह सकते थे। उसके बाद की विकट समस्या सामने थी। काफी तलाश के बाद भी सही और मनपसन्द मकान नहीं मिल रहा था। कहीं कीमत बहुत ज्यादा थी, तो कहीं जगह पसन्द नहीं आ रही थी। जब तक रहने का कोई ठौर-ठिकाना न हो जाए तब तक कहीं भी जाना सम्भव नहीं था। सरकारी आवास में रहने की अपनी सीमाएँ थीं। कभी भी आवास खाली कर देने का आदेश जारी हो सकता था। यह अलग बात थी कि इस तरह का आदेश मुझे एक वर्ष तक भी नहीं दिया गया था। मैंने संस्थान से अतिरिक्त समय माँगा था लेकिन संस्थान के भी अपने नियम, कायदे-कानून थे। मुझे दोबारा आवेदन करने के लिए कहा गया था, जो मैंने कर दिया था और उसकी स्वीकृति मुझे मिल गई थी।

काफी भागदौड़ के बाद आखिर मकान मिल गया था। 30 जून, 2011 को हमारे मकान की रजिस्ट्री हो गई थी। मकान का अधिग्रहण मिलते ही, हमने उसमें रंग-रोगन और अन्य बदलाव का काम शुरू कर दिया था। अगस्त, 2011 में हम अपने नए मकान में आ गए थे। यह हमारे लिए एक बेहद बड़ा और खुशी का अवसर था। हम कह सकते थे कि हमारे पास भी सिर छुपाने को एक अपनी जगह है। सरकारी नौकरी ने जरूर हमें अच्छी सुख-सुविधाओं से लैस आवास उपलब्ध कराए थे, वरना अपना जीवन तो मिट्टी के या टीन-टप्पर से

बने घरौंदों में ही बीता था। अच्छे आवास हमारे लिए सिर्फ कल्पना भर थे लेकिन नौकरी में आने के बाद से जीवन की सुख-सुविधाएँ ठीक प्रकार से देख पाए थे।

किराए के मकान ढूँढ़ने और उनमें रहने की त्रासदियों को एक दलित जिस तरह भोगता है, उसे आरक्षण विरोधी और भारतीय वर्ण-व्यवस्था पर गर्व करनेवाले कभी भी मानवीय दृष्टिकोण के साथ नहीं देख पाएँगे। इन स्थितियों में एक दलित के पास अपना मकान होना क्या मायने रखता है, इसे भुक्तभोगी ही जान सकता है!

चन्दा का मन शिमला जाने का नहीं था। वह अपने इस नए घर में रह, इस सुख को जीना चाहती थी। काफी तर्क-वितर्क के बाद आखिर चन्दा ने हामी भर दी थी और हमने शिमला जाने की तैयारी शुरू कर दी थी।

मकान का ऊपरी हिस्सा किराएदार के लिए रखा था लेकिन इतनी जल्दी कोई ढंग का किराएदार मिलना भी आसान नहीं था। इसके लिए विज्ञापन का सहारा लिया गया था। एक परिवार आ गया था। उन्हें घर सौंपकर हमने शिमला जाने का कार्यक्रम बना लिया था।

12 मई, 2013 को मैंने भारतीय उच्च अध्ययन संस्थान, राष्ट्रपति निवास, शिमला एक फेलो के रूप में ज्वाइन कर लिया था। उस रोज हम अतिथिगृह में ठहरे थे। मेस और अतिथिगृह के ज्यादातर कर्मचारी मुझे और चन्दा को अच्छी तरह पहचानते थे। इससे पूर्व हम लोग अनेक बार संस्थान द्वारा आयोजित सेमिनारों में भागीदारी कर चुके थे। संस्थान की गवर्निंग बॉडी का भी तीन वर्ष तक मैं सदस्य रह चुका था इसलिए संस्थान मेरे लिए कोई नई जगह नहीं थी। सभी लोग मेरे वहाँ आ जाने से बेहद खुश दिख रहे थे।

अगले ही रोज कोर्टीन हॉल का बँगला नं. 3 हमें आवंटित हो गया था। हमारे साथ वाले हिस्से में जम्मू विश्वविद्यालय की प्रोफेसर

अनुपमा थीं। बराबर के बँगले के भूतल में कविता पंजाबी, कोलकाता से थीं। उसकी ऊपरी मंजिल में पोलैंड से एलेक्जेंड्रा वेंटा थीं। कविता पंजाबी के बाद उस बँगले में मालविका तुलसी आ गई थीं। ये सभी अपने-अपने क्षेत्र की विद्वान महिलाएँ थीं, जिनके साथ रहकर मुझे अच्छा लग रहा था। यह बँगला बेहद खूबसूरत जगह पर था, जहाँ से नए शिमला को रात में जगमगाते देखना बेहद आकर्षक लगता था। सामने एक छोटा-सा आँगन था, उसके बाद नीचे गहरी खाई और बालूगंज को जोड़नेवाली सड़क। खाली समय में आँगन में कुर्सी डालकर बैठना मुझे बहुत ही सुकून देता था।

बालूगंज बाजार मेरे इस बँगले से एकदम पास था। चन्दा के लिए भी आसानी थी कि रोजमर्रा की जरूरी चीजें लेने कहीं दूर नहीं जाना पड़ता था। शिमला जैसी जगह पर ऐसी सुविधा का मिलना मुश्किल था।

जिस दिन हम शिमला पहुँचे थे, रात का खाना हमने मेस में ही खाया था। उस वक्त सभी फेलो और वहाँ अध्ययनरत विद्वानों से एक साथ भेंट हो गई थी। कई लोगों से मेरा पूर्व परिचय था तो कुछ ऐसे भी थे जिनसे पहली बार मिल रहा था। कुछ के नाम इतने बड़े थे कि भले ही व्यक्तिगत रूप से पहली बार मिले हों लेकिन नाम और उनके काम से भलीभाँति परिचित थे। राजविन्दर जर्मनी से थे लेकिन उनसे मेरी मुलाकात पुणे के एक साहित्य सम्मेलन में हो चुकी थी। बेंगलूर से जसबीर सिंह थे, जिनको लगातार पढ़ता रहा था। सतीश शर्मा थे। यानी कुल मिलाकर एक अच्छे वातावरण की सम्भावनाएँ बन रही थीं।

मुझे संस्थान में दूसरे तल पर अध्ययन कक्ष मिला था। मेरे कक्ष में मेरे साथ डॉ. एम. ब्रोल पिंटो बैठते थे। शान्त स्वभाव के और दिन भर अपने काम में डूबे रहनेवाले गम्भीर व्यक्ति थे। पढ़ने-लिखने के अलावा

चर्च में एक फादर के रूप में भी काम करते थे। कर्नाटक से आए थे। उनसे मिलकर मुझे बहुत अच्छा लगा था। अपने काम को किस तरह सुव्यवस्थित करना है, यह मैंने उनसे सीखने की कोशिश की थी। विद्वत्ता के साथ-साथ एक भले इनसान के रूप में उनकी छवि मेरे मन में बन गई थी।

कुछ मुद्दों पर हमारे बीच मतैक्य नहीं था, जैसे उन्हीं दिनों एन.सी.आर.टी. की पुस्तक में छपे डॉ. अम्बेडकर के कार्टून को सही ठहराते हुए उनका एक लेख अंग्रेजी की एक बड़ी पत्रिका में छपा था, जिस पर मैंने खुलकर उनके सामने अपनी असहमति रखी थी। उस कार्टून को लेकर देश भर में काफी रोष था। दलितों ने खुलकर विरोध किया था और सरकार को उसे पाठ्यक्रमों से हटाना पड़ा था।

संस्थान ज्वाइन करने के बाद दूसरे दिन संस्थान के निदेशक प्रो. पीटर रेनोल्ड डिसूज़ा से उनके ऑफिस में मुलाकात हुई थी। उस वक्त चन्दा भी मेरे साथ थी। उन्होंने काफी खुले मन से हमारा स्वागत किया था। वे मेरे लेखन से अच्छी तरह परिचित थे। 'जूठन' वे काफी पहले पढ़ चुके थे। मेरी सभी पुस्तकें संस्थान के पुस्तकालय में उपलब्ध थीं। मैं जिस विषय पर काम करने आया था, उन्होंने मेरा उत्साह बढ़ाते हुए कहा था, "वाल्मीकि जी! यदि इस काम में ऐसी कोई भी पुस्तक आपको चाहिए, जो यहाँ नहीं है, हमें बताइए, हम उसे उपलब्ध कराएँगे। एक अच्छा वातावरण यहाँ देने की हर सम्भव कोशिश रहती है। उम्मीद है, आप और मिसेज वाल्मीकि संस्थान में अच्छा महसूस करेंगे। संस्थान की ओर से जो भी सहयोग चाहिए, मिलेगा।"

उनसे मिलकर जब हम लौटे तो बहुत अच्छा लग रहा था। उनके व्यवहार ने हम दोनों का मन जीत लिया था।

चन्दा अपनी गृहस्थी जमाने में व्यस्त हो गई थी और मैंने अपना काम शुरू करने के लिए पुस्तकें, कम्प्यूटर, स्टेशनरी आदि जुटाना शुरू कर दिया था। पुस्तकालय से पुस्तकें ढूँढ़ने में वहाँ के स्टाफ ने काफी मदद की थी। कम्प्यूटर आदि के लिए काफी कुशल इंजीनियर वहाँ

मौजूद थे इसलिए काम शुरू करने में कोई दिक्कत नहीं आई थी।

संस्थान का वातावरण काफी सुखद और शान्त था। काम करने में मन लग गया था। पढ़ने-लिखने की तमाम सुविधाएँ वहाँ थीं। मैं सुबह 9:30-10:00 बजे तक संस्थान पहुँच जाता था और दोपहर 1 बजे तक काम करता था। लंच के बाद 2:30 बजे तक फिर से अपने कक्ष में पहुँचकर काम में जुट जाता था। कुछ देर के लिए पुस्तकालय में पत्रिकाएँ देखता था। सप्ताह के प्रत्येक गुरुवार को सेमिनार दिवस के रूप में रखा गया था। उस रोज 3 बजे दोपहर के बाद किसी एक या दो फेलो को अपने कार्य से सम्बन्धित व्याख्यान देना होता था। जिस पर बाकी फेलो चर्चा करते थे। यह एक महत्त्वपूर्ण सेमिनार होता था, जिसमें सभी साथी फेलो खुलकर हिस्सा लेते थे। साथ ही अपने अध्ययन को आगे बढ़ाने और सही दिशा में ले जाने में मदद भी मिलती थी।

शिमला में रहते हुए जिस गति से मैंने अपना काम शुरू किया था, वैसे ही मेरी शारीरिक क्षमता घटने लगी थी। शुरू-शुरू में मैंने इसे ज्यादा गम्भीरता से नहीं लिया था लेकिन जैसे-जैसे वजन घटने लगा, मेरी चिन्ता भी बढ़ने लगी थी। खाना भी एकदम कम हो गया था। खाने के प्रति अरुचि तो मैंने देहरादून में रहते हुए ही महसूस की थी। देहरादून में हरिद्वार रोड पर डॉ. के.एस. रावत से मैं दो-तीन बार मिला था और अपनी समस्या उनके सामने रखी थी। उन्होंने हर बार एक ही जवाब दिया, ''आप एकदक फिट हो, इस उम्र में खाना तो वैसे ही कम हो जाता है। इस बारे में ज्यादा सोच-विचार मत करो।'' हर बार उनका यही कहना था। शिमला के लिए निकलने से पहले चन्दा फिर एक बार मुझे लेकर डॉ. रावत के पास गई थी। उस रोज भी उन्होंने वही पहले वाला उत्तर दोहराया था। चन्दा ने उनसे कहा भी था, ''डॉक्टर! हम लोग कुछ समय के लिए शिमला जा रहे हैं, वहाँ जाकर नई जगह पर कोई परेशानी न हो जाए इसलिए आप एक बार ठीक से देख लें। कोई टेस्ट वगैरह करना हो तो वह भी करा सकते हैं, यदि कोई गम्भीर बात है तो मैं इन्हें लेकर शिमला नहीं जाऊँगी।''

"आप व्यर्थ में परेशान हो रही हैं। एक मौका मिला है, शिमला का आनन्द लीजिए।" डॉक्टर रावत ने चन्दा को समझाने की कोशिश की थी। आगे चलकर यही निर्णय मेरे विरुद्ध गया था।

धीरे-धीरे मेरा दोपहर का खाना न खा पाने की स्थिति आ गई थी। रात में भी सिर्फ थोड़ी-सी खिचड़ी, जिसके कारण मेरा वजन तेज गति से गिरना शुरू हो गया था। चढ़ाई चढ़ने पर साँस भी फूलने लगी थी। संस्थान में डॉ. मीनू से मैंने बात की थी लेकिन उनको भी मेरी यह समस्या समझ नहीं आई थी। धीरे-धीरे मेरे हालत गम्भीर होने लगी थी।

जून के अन्तिम सप्ताह में सीमा अपनी दोनों बेटियों—नन्नू और बनी को साथ लेकर हमारे पास आई थी। साथ में चन्दा की बड़ी बहन स्वर्णलता भी थी। ये लोग लगभग एक सप्ताह हमारे पास रहे थे। सीमा हर रोज कहती थी, "चाचाजी! आप किसी अच्छे डॉक्टर से जाकर मिलिए, आप काफी कमजोर हो गए हैं या फिर मेरे साथ नोएडा चलिए, वहाँ काफी अच्छे डॉक्टर हैं, हमारे परिचित हैं, उनको दिखा देंगे।"

"ठीक है, मिलता हूँ, किसी अच्छे डॉक्टर से।" मैंने उसे आश्वस्त किया था। जिस रोज मैं उन्हें शिमला के नए बस अड्डे पर देहरादून की बस में बैठाने के लिए आया तो चन्दा की बड़ी बहन ने फिर एक बार मुझे डॉक्टर के पास जाने की सलाह दी। मैंने उनसे भी कहा, "ठीक है, मैं एक-आध रोज में किसी अच्छे डॉक्टर से मिलता हूँ, आप लोग चिन्ता न करें।"

उन्हें बस का टिकट दिलाकर मैं वापस आ गया था। अपने अध्ययन कक्ष में पहुँचते ही, सबसे पहले मैंने चर्चित कथाकार हरनोट को फोन किया। वे शिमला के पर्यटन विभाग में थे और मेरे अच्छे मित्र भी हैं। जब मैंने उन्हें अपनी समस्या बताई तो वे बोले, "आपकी गिरती सेहत को देखकर मैं स्वयं भी चिन्तित था। कई बार सोचा था कि आपका किसी अच्छे डॉक्टर से चेकअप कराया जाए, आप चिन्ता न करें, मेरे बेटे की पत्नी सुनीता सेनीटोरियम अस्पताल, शिमला में नौकरी करती

है। आपके निवास से ज्यादा दूर भी नहीं है, आप जब भी चाहें उनसे मिल लें। अस्पताल में डॉ. इमामुद्दीन एक अच्छे और काबिल डॉक्टर हैं। सुनीता को मैं कह देता हूँ, वह आपको साथ लेकर जाएगी। जरूरत पड़ी तो मैं स्वयं भी आपके साथ आ जाऊँगा।''

अगले रोज सेनीटोरियम अस्पताल पहुँचा। सुनीता मेरी प्रतीक्षा कर रही थी। देखते ही बोली, ''अंकल जी! आप बैठिए, डॉक्टर अभी आए नहीं हैं, तब तक मैं आपका रजिस्ट्रेशन कार्ड बनवा लेती हूँ।''

डॉक्टर ने सबसे पहले मुझे ही बुलाया था। काफी पूछताछ और चर्चा के बाद डॉक्टर ने मेरे कुछ टेस्ट कराए थे, जो वहीं लैब में हो गए थे। कुछ के रिजल्ट तो साथ-साथ ही मिल गए थे, कुछ अगले रोज मिलने की बात हुई थी। जो रिजल्ट मिले थे, वे सब ठीक थे। उनमें कोई भी ऐसी बात नहीं थी, जिससे पता चले कि कोई गम्भीर बीमारी है। मैंने डॉक्टर से कहा भी था, ''डॉक्टर साहब! कुछ दवाई देंगे?''

''अभी कोई भी दवा लिखना ठीक नहीं होगा, जब तक बीमारी का ठीक से पता न चल जाए फिर भी आपको मैं कुछ विटामिन्स लिख देता हूँ, आपका हीमोग्लोबिन काफी कम है। ये आयरन के विटामिन्स हैं, इन्हें आप लेते रहिए।'' डॉक्टर ने पर्ची मेरे हाथ में पकड़ा दी थी।

लगभग बीस दिन तक तरह-तरह के टेस्ट चलते रहे लेकिन रोग के किसी लक्षण को डॉ. इमामुद्दीन पकड़ नहीं पाए थे। इन बीस दिनों में मेरी तबीयत और ज्यादा खराब होने लगी थी। मेरा वजन काफी कम हो गया था। एक रोज, जब मैं एक टेस्ट का रिजल्ट लेने अस्पताल की लैब गया तो मेरे पेट में बहुत ज्यादा पीड़ा हो रही थी।

मुझे देखते ही सुनीता ने कहा, ''अंकल जी! आज आपकी तबीयत ठीक नहीं लग रही है, आप घर जाइए। लैब से रिपोर्ट मिलते ही मैं आपके पास भिजवा दूँगी। मैं आपके लिए किसी गाड़ी का इन्तजाम करती हूँ।''

''नहीं, सुनीता! गाड़ी मेरे संस्थान से आ रही है, तुम चिन्ता मत करो। मेरे पेट में थोड़ा दर्द है। मैंने डॉक्टर से कहा भी था कि कोई दवा

दीजिए लेकिन उन्होंने साफ मना कर दिया है। गाड़ी आते ही मैं घर जाऊँगा।'' मैंने सुनीता से कहा।

उस वक्त मुझे डॉक्टर पर कोफ्त हो रही थी। मैं उस दर्द को सहन करते हुए जब घर पहुँचा तो मुझे देखते ही चन्दा घबरा गई थी लेकिन मैंने चन्दा को अपने दर्द के बारे में कुछ नहीं बताया था।

उसी रोज 'हिमाचल दस्तक' अखबार के पत्रकार रजनीश शर्मा का फोन आया, ''सर! आप कहाँ हैं? मैं आपके ऑफिस में हूँ।''

''मैं इस वक्त अपने निवास कोर्टीन हॉल-3 में हूँ।'' मैंने कहा।

''सर! रविवारीय परिशिष्ट के लिए एक लम्बा साक्षात्कार चाहिए।'' रजनीश ने कहा।

''आप कल आ सकते हैं?'' मैंने कहा।

''सर! इसी रविवार को यह मैटर जाना है, आप थोड़ा समय मुझे दीजिए।'' रजनीश ने अपनी विवशता बताई।

उस वक्त मैं साक्षात्कार देने की स्थिति में नहीं था लेकिन रजनीश को मैं टाल नहीं सका। ''ठीक है आ जाइए। ऑफिस से कोई भी मेरे घर का रास्ता बता देगा। मैं इन्तजार करूँगा आपका।'' मैंने उसे बुला लिया था।

रजनीश शर्मा जल्दी ही मेरे निवास पर आ गए थे। बाहर हलकी बूँदाबाँदी हो रही थी। लेकन शिमलावासियों के लिए यह सब सहज था। रोजमर्रा की बात थी। मौसम कभी भी बदल जाता था इसलिए हर किसी के पास ऐसे मौसम से बचने के लिए एक छाता जरूर होता है। रजनीश शर्मा ने आते ही अपना काम शुरू कर दिया था। बातचीत अच्छी हो रही थी। अचानक रजनीश शर्मा ने पूछा, ''सर! आपकी जो फोटो पत्र-पत्रिकाओं में छपी हैं, उनमें और इस वक्त जो आप दिख रहे हैं, काफी अन्तर है?''

''हाँ, मेरी तबीयत काफी खराब है। सेनीटोरियम अस्पताल के डॉ. इमामुद्दीन बीस दिन में भी मेरी बीमारी को ढूँढ़ नहीं पाए हैं जबकि मेरी सेहत लगातार गिर रही है। वजन काफी कम हो गया है। मैं

खुद भी काफी परेशान हूँ क्योंकि इससे मेरे काम पर भी असर पड़ रहा है।''

''सर! आपने पहले क्यों नहीं बताया? आप चिन्ता न करें, मैं अभी आपको एक अच्छे डॉक्टर के पास लेकर चलता हूँ।'' रजनीश ने कहा।

उसने किसी डॉक्टर से बात की थी। उधर से उत्तर मिला था, अभी लेकर आ जाओ।

रजनीश मुझे इन्दिरा गांधी मेडिकल कॉलेज में डॉ. राजेश कश्यप के पास लेकर गए थे। डॉ. कश्यप मेरे नाम से परिचित थे। काफी अच्छी तरह से वे मिले थे। उन्होंने सामान्य बातचीत के बाद कहा, ''अभी हम डॉक्टर के पास चलेंगे, वे गैस्ट्रोलॉजी के विशेषज्ञ माने जाते हैं।''

डॉ. राजेश कश्यप ने तत्परता से मेरे कुछ विशिष्ट परीक्षण कराए थे। आखिरी परीक्षण लेने जब मैं मेडिकल कॉलेज की लैब में पहुँचा और परीक्षण रिपोर्ट मैंने देखी तो एकबारगी तो मेरा सिर ही घूम गया था। मुझे लगा कि बस जिन्दगी का अब आखिरी पड़ाव आ गया है।

जब मैं रिपोर्ट दिखाने डॉ. कश्यप के केबिन में पहुँचा तो वे मरीजों से घिरे हुए थे। मुझे देखते ही बोले, ''मैं तो आपकी ही प्रतीक्षा कर रहा था।'' उन्होंने बाकी मरीजों को बाहर जाने को कहा था।

मैं उनके सामने चुपचाप बैठा था। मेरे दिमाग में जीवन के बाकी बचे क्षणों को लेकर सोच-विचार शुरू हो गया था।

डॉ. कश्यप ने कहा, ''आप एडमिट हो जाओ, कल या परसों आपका ऑपरेशन हो जाएगा। एक सप्ताह के भीतर यदि ऑपरेशन नहीं होता है तो खतरा बढ़ सकता है। आज ही आपको खून चढ़ाना पड़ेगा। शरीर में खून एकदम खत्म है। यहाँ आपका मैं ज्यादा खर्च भी नहीं होने दूँगा, जो भी निर्णय लेना है जल्दी लें। देर करने से स्थिति बिगड़ सकती है।''

''डॉक्टर! यहाँ शिमला में ऑपरेशन कराना मेरे लिए सम्भव नहीं

होगा। यहाँ मिसेज मुझे अकेले नहीं सँभाल पाएँगी। वे खुद शुगर और रक्तचाप की मरीज हैं। क्या यह ऑपरेशन देहरादून में नहीं हो सकता है?'' मैंने अपने मन की शंका व्यक्त की।

''देहरादून से किसी को यहाँ बुला लीजिए।'' डॉ. कश्यप ने कहा।

''नहीं, यह भी आसान नहीं होगा।'' मैंने अपने मन की बात उनके सामने रखी।

''तो बेहतर होगा फिर दिल्ली में कराएँ।'' उन्होंने साफ-साफ कहा, ''लेकिन जो भी फैसला करो, जल्दी करो।''

''ठीक है डॉक्टर!...'' कहकर मैं उठने लगा था। वे भी खड़े हो गए थे। हाथ मिलाते हुए बोले, ''उम्मीद है, सब ठीक होगा और हम फिर यहीं शिमला में मिलेंगे। अपने आपको कमजोर मत पड़ने देना।'' कहकर उन्होंने मुझे विदा किया था। मैं बेहद थके कदमों से उनके केबिन से बाहर आया था।

बाहर संस्थान की गाड़ी मेरा इन्तजार कर रही थी। ड्राइवर ने पूछा था, ''सर! घर चलेंगे या संस्थान...''

''संस्थान ही चलो।'' मैंने चलने के लिए कहा।

बाहर काफी तेज बारिश हो रही थी जिसे देखकर मैं हमेशा खुश होता था लेकिन आज यह बारिश भी मेरी निराशा को दूर नहीं कर पा रही थी। रास्ते भर रह-रहकर मेरे मस्तिष्क में चन्दा का खयाल उभर रहा था। यदि मुझे कुछ हो गया तो चन्दा एकदम अकेली रह जाएगी। इतने लम्बे सहजीवन में हम कभी भी अकेले नहीं रहे, साथ सुख-दुख जिए हैं। यही मेरी सबसे बड़ी कमजोरी भी है।

संस्थान में डॉ. एम्ब्रोस पिंटो के बाद मेरे अध्ययन कक्ष में नई दिल्ली से डॉक्टर विभा अरोड़ा आ गई थीं। जब मैं अपने कक्ष में पहुँचा तो वे वहाँ बैठी काम कर रही थीं। मुझे देखते ही बोलीं, ''वाल्मीकि जी! बड़ी देर लगा दी...रिपोर्ट मिली...?''

''हाँ, मिल गई...!'' मैंने धीमे स्वर में कहा।

''सब ठीक तो है, कुछ सुस्त लग रहे हैं आप...दिखाइए रिपोर्ट।''

उसने अपनापन जताया। रिपोर्ट देखने के बाद कुछ नहीं कहा, सीधे आकर मेरे कम्प्यूटर की कुर्सी पर बैठ गई और नेट से ढूँढ़कर उस रिपोर्ट से सम्बन्धित तमाम जानकारी मेरे सामने रख दी।

"आप जानते हैं, आपको क्या तकलीफ है?" विभा ने गम्भीरता से कहा।

"हाँ, जानता हूँ।" मेरे स्वर में छिपी हताशा को उसने पकड़ लिया था।

"ठीक है, सामान समेटकर अलमारी में बन्द कीजिए और आप मिसेज वाल्मीकि को फोन भी कीजिए कि कल सुबह आप लोग दिल्ली जा रहे हैं। इस केस में देर करना ठीक नहीं होगा।" उसने मेरी किताबें उठाकर अलमारी में बन्द करना शुरू कर दिया था। जो साथ ले जानेवाला सामान था मेरे बैग में रख दिया था।

"विभा जी! लाइब्रेरी की पुस्तकें तो वापस कर दें। पता नहीं कितने दिन लग जाएँगे, तब तक यहाँ बन्द पड़ी रहेंगी।" मैंने कहा।

"बाद में जब दुबारा ढूँढ़ेंगे तो जरूरी नहीं कि आसानी से मिल जाएँगी।" विभा ने कहा।

सारा सामान सुव्यवस्थित करके मैं अपने निवास पर आ गया था। संस्थान को मैंने सूचित कर दिया था कि मैं अपने इलाज के लिए दिल्ली जा रहा हूँ। चन्दा को बीमारी के बारे में कुछ ज्यादा नहीं बताया था, सिर्फ यही कहा था कि पेट का ऑपरेशन होगा।

अगले रोज शनिवार था, संस्थान बन्द रहता था। हमने रविवार को शिमला से निकलने का कार्यक्रम बनाया था। पहले देहरादून जाना जरूरी था। इलाज में क्या खर्च आएगा, मुझे कोई अन्दाज नहीं था, फिर भी पैसों की व्यवस्था तो करके ही दिल्ली जाना ठीक रहेगा। यही सोचकर कार्यक्रम बनाया था। एक ड्राइवर की भी व्यवस्था करनी थी, जो हमें हमारी गाड़ी से देहरादून तक छोड़ दे क्योंकि मेरी स्थिति ऐसी नहीं थी कि मैं इतनी दूर गाड़ी चलाकर ले जा सकूँ। संस्थान में कार्यरत सुनील कुमार ने संस्थान के ही एक ड्राइवर राकेश से बात की थी जो हमें

देहरादून छोड़कर उसी दिन वापस लौट आएगा। राकेश बड़ी मुश्किल से तैयार हुआ था।

शनिवार को दिन भर लोग आते रहे, जिसे भी पता चला, वही मिलने के लिए आया। मालविका कस्तूरी पड़ोस में थी, वह भी आकर चन्दा को समझाती रही। मालविका की मम्मी का इसी तरह का ऑपरेशन सर गंगाराम अस्पताल में ही हुआ था। उनका कहना था कि आप सीधे सर गंगाराम अस्पताल में डॉ. नन्दी से सम्पर्क करें। उम्मीद है, सब ठीक होगा। उन्होंने काफी सम्पर्क सूत्र भी दिए थे लेकिन डॉ. नन्दी अपना मोबाइल नम्बर किसी को नहीं देते हैं। इसलिए आप सीधे उनका अपॉइंटमेंट लेकर उनसे मिलें। उम्मीद है, आप उनसे मिलकर निराश नहीं होंगे।

मैंने अभी तक हुए मेडिकल परीक्षण की तमाम रिपोर्ट मनीष के पास नोएडा भेज दी थी ताकि वह किसी अच्छे डॉक्टर से सलाह ले सके। मैंने मनीष को मैत्रेयी पुष्पा का पता और फोन नम्बर देकर कहा था कि इनसे भी मिल लें, उनकी बेटी और दामाद एम्स में डॉक्टर हैं। एम्स में एडमिशन मिल जाता है तो ठीक रहेगा।

मनीष मैत्रेयी पुष्पाजी से मिला था। उनको पेपर भी दे दिए थे लेकिन उनकी बिटिया का कहना था कि एम्स में ऑपरेशन के लिए एक महीने से पहले नम्बर नहीं आ सकता है। मेरे पास इतना समय नहीं था, मुझे जल्दी से जल्दी ऑपरेशन कराना था, जैसा कि डॉक्टर कश्यप की राय थी।

देहरादून पहुँचकर सबसे पहले मैंने पैसों का इन्तजाम किया था। पड़ोस में ही मदन शर्मा जी रहते थे, जैसे ही उन्हें खबर मिली वे भाभी जी के साथ आ गए थे। चन्दा की बड़ी बहन स्वर्णलता भी आ गई थी। धीरे-धीरे खबर रिश्तेदारों को मिल गई थी, वे सभी आने लगे थे। मदन शर्मा जी ने कुछ साहित्यकार मित्रों को भी सूचना दे दी थी। विजय गौड़ आए थे। सभी मेरे स्वास्थ्य को लेकर चिन्ता जाहिर कर रहे थे।

8 अगस्त की सुबह चन्दा मुझे लेकर दिल्ली के लिए रवाना हो

गई थी। मनीष को फोन कर दिया था कि हम लोग 1 बजे तक नोएडा पहुँच जाएँगे। उसने डॉ. सिमरन नंदी का अपॉइंटमेंट लेकर रखा था। नोएडा पहुँचते ही हम लोग सर गंगाराम अस्पताल के लिए निकल पड़े थे। वहीं हमें रामचन्द्र, जे.एन.यू., भी मिल गए थे। उन्हें भी सूचना थी कि मैं इलाज के लिए आ रहा हूँ।

शाम 4 बजे डॉ. नन्दी ओ.पी.डी. में मरीजों को देखते थे। मेरे पेपर देखने के बाद उन्होंने मेरा चेकअप किया और मुझे बाहर जाने के लिए कहा। मैंने कहा, "डॉक्टर! आप मेरे सामने ही बात कीजिए। मुझे क्या बीमारी है, मैं अच्छी तरह जानता हूँ।" लेकिन वे नहीं माने। बाहर आकर मनीष और रामचन्द्र ने मुझे सिर्फ इतना ही बताया कि कल आपको एडमिट होना है। और सुबह आकर एडमिशन विभाग से सम्पर्क करना है। डॉ. नन्दी ने ऑपरेशन की तारीख 10 अगस्त दे दी थी।

अगले रोज हम लोग सुबह ही सर गंगाराम अस्पताल में एडमिशन के लिए आ गए थे लेकिन वहाँ कोई भी बेड खाली नहीं था। मनीष ने काफी भागदौड़ की थी लेकिन कोई भ। समाधान नहीं निकला था। दिल्ली के अनेक मित्रों को मेरी बीमारी के बारे में खबर मिल गई थी। वे अस्पताल आकर मेरे हाल-चाल जानने के लिए परेशान थे। अजय नावरिया, हेमलता महीश्वर, रोहतक से अजमेर सिंह 'काजल', जे.एन.यू. से भी अनेक लोग आए थे। श्योराज सिंह 'बेचैन'आए थे।

लगभग पूरा दिन बैठकर एडमिशन के लिए प्रतीक्षा करना बहुत तकलीफदेह था। इतनी देर अस्पताल की सख्त कुर्सियों पर बैठना मेरे लिए काफी कष्टदायक था। फिर भी मजबूरी थी। इस कष्ट से बड़े कष्ट का मैं इन्तजार कर रहा था लेकिन दोस्तों को देखकर मुझे काफी ताकत मिल रही थी। शाम होते-होते एडमिशन मिल गया था और मुझे मेरे बेड पर जाने का आदेश हो गया था। यह पहला मौका था जब मैं अस्पताल में भर्ती हुआ था, वह भी इतनी घातक बीमारी के इलाज के लिए, जिसकी मैंने कभी कल्पना भी नहीं की थी।

हरिद्वार से विजेन्द्र भी आ गए थे। रात में मेरे पास वहीं रुके थे।

बाकी सभी लोग जो देहरादून से आए थे, वे मनीष के साथ नोएडा लौट गए थे। चन्दा को भी मैंने कहा था कि अभी चली जाओ, सुबह आ जाना, यहाँ विजेन्द्र तो मेरे पास है। चन्दा जाना नहीं चाहती थी। लेकिन मैंने जिद करके उसको भेज दिया था क्योंकि वह काफी परेशान दिख रही थी। नोएडा जाकर थोड़ा आराम कर लेगी, यही सोचकर मैंने उसे जाने के लिए कहा था।

उस रात विजेन्द्र काफी देर तक बातचीत करता रहा। साथ ही मुझे इस बात के लिए भी आश्वस्त करता रहा कि आप किसी भी तरह की चिन्ता मन में मत रखिए, हर वक्त मैं आपके साथ हूँ। इलाज ठीक से होना चाहिए, पैसे चाहे जितने लगें। जब तक मैं हूँ किसी से कहने की जरूरत नहीं है। ये पल मुझे भावुक कर देने के लिए काफी थे लेकिन मैंने स्वयं को कमजोर नहीं पड़ने दिया था। मेरे मन में यदि कोई चिन्ता थी तो वह थी चन्दा, जो मानसिक रूप से इतनी मजबूत नहीं थी। छोटी-छोटी बातों से घबरा जाने की आदत थी, जिसे मैं अच्छी तरह जानता था। उसके अलावा मेरे मन में कोई किसी भी प्रकार की चिन्ता नहीं थी। वैसे भी मुझे कभी भी मृत्यु का खौफ नहीं लगा। जब तक साँसें चल रही हैं तभी तक दुनिया भर की हाय-तौबा है। आँख बन्द होते ही सब कुछ खत्म हो जाता है। यदि कुछ बचता है तो वह है आपके द्वारा किया गया काम अन्यथा कोई किसी को याद नहीं करता। न जाने किस क्षण में मेरे मन में मरने का खौफ खत्म हो गया था। अस्पताल के बेड पर लेटे हुए भी मैं अपने आपको सहज महसूस कर रहा था।

विजेन्द्र ने कहा, "अंकल जी! आंटी को लेकर किसी भी तरह की कोई चिन्ता लेकर आप ऑपरेशन थिएटर में नहीं जाएँगे। यदि आप कमजोर पड़ गए तो हम सब कमजोर पड़ जाएँगे। आपने जिस तरह का जीवन जिया है, वह यह साबित करने के लिए काफी है कि आप किसी भी परिस्थिति से हार माननेवाले नहीं हैं। आप हर बार विपरीत परिस्थितियों में जीते हैं, इस बार भी आप जीतकर ही वापस आएँगे, यह मेरा विश्वास है।"

उसी वक्त अस्पताल का नाई आ गया था, "सर! कल आपका

ऑपरेशन होगा, इसी सिलसिले में मैं आया हूँ। आप सीधे लेट जाइए। मुझे आपके शरीर की सफाई करनी है।" और बिना देर किए उसने मेरे सारे कपड़े उतार दिए थे। पूरी रोशनी में एक अनजान व्यक्ति के सामने मैं बिलकुल नग्न अवस्था में लेटा था। इससे पूर्व कभी मैंने ऐसी कल्पना भी नहीं की थी कि ऐसी स्थिति से भी मुझे गुजरना पड़ सकता है। उसने मेरे सारे कपड़े उतार दिए थे और अपने यंत्र सजाने लगा था। मेरे लिए यह सहज नहीं था। उसने एक छोटी-सी मशीन निकालकर मेरे जिस्म में बालों की सफाई करना शुरू कर दिया था। कुछ देर के लिए विजेन्द्र उठकर बाहर चला गया था। सिर के बालों को छोड़कर शरीर का कोई भी ऐसा हिस्सा नहीं था, जहाँ उसने मशीन न घुमाई हो। उसके बाद तौलिए से पूरे शरीर को ठीक से पोंछा था। अपना काम खत्म करके उसने मुझे अस्पताल के कपड़े पहना दिए थे।

उसके जाते ही विजेन्द्र अन्दर आ गया था। रात के लगभग बारह बज चुके थे। विजेन्द्र ने मुझे देखते हुए कहा, "अंकल जी! आप अब सो जाइए, दिन भर के थके हुए हैं, कल ऑपरेशन भी होना है।"

मैंने हँसते हुए कहा, "विजेन्द्र! जो होना है होने दो, यह रात है जिसे हम ढेर सी बातों के साथ गुजार सकते हैं, पता नहीं फिर दोबारा यह रात आए या न आए। कम से कम यह तो याद रहेगा कि हमने उस रोज कितनी बातें एक-दूसरे से साझा की थीं।"

विजेन्द्र मुझे अजनबी नजरों से देख रहा था। मैंने उसे इस तरह देखते हुए पूछा था, "क्या हुआ, इस तरह क्यों देख रहे हो?"

"कुछ नहीं, यही तो चाहिए आपसे। इसी तरह की आपकी सोच हमें ताकत देती है।" विजेन्द्र ने मुस्कुराकर कहा।

उस रात देर रात तक हम लोग घर-परिवार, समाज और दुनियादारी की बातें करते रहे थे। अगले दिन मेरा ऑपरेशन होगा, इस विचार को मैंने अपने आसपास भी नहीं आने दिया था।

सुबह होते ही अस्पताल की रूटीन गतिविधियाँ शुरू हो गई थीं। एक के बाद एक नए डॉक्टर लगातार आ रहे थे। कभी ब्लड टेस्ट तो

कभी रक्तचाप, कभी शुगर टेस्ट तो कभी एक्स-रे की गतिविधियाँ चल रही थीं। एक ओर ड्रिप चढ़ा दी गई थी तो दूसरे हाथ में सुइयाँ चुभोकर हाथ में जगह-जगह निशान डाल दिए थे।

चन्दा और मनीष नोएडा से आ गए थे। चन्दा की बहन स्वर्णलता, विनीता, विरेष आ गए थे। राजीव भी पहुँचनेवाले थे। दिल्ली के अनेक मित्र आ रहे थे। यानी मैं इस घड़ी में अकेला नहीं था। यह मेरे लिए एक बड़ा सुकून भरा अहसास था। चन्दा को भी लग रहा था कि वह अकेली नहीं है लेकिन फिर भी उसके चेहरे पर चिन्ताएँ साफ-साफ दिखाई दे रही थीं।

मैं जानता था कि मेरा एक बड़ा ऑपरेशन होने वाला है, जिसमें कुछ भी घट सकता है अच्छा या बुरा। प्रत्येक प्रतिकूल परिस्थिति के लिए मैं मानसिक रूप से तैयार था लेकिन मन के एक कोने में एक चिन्ता बार-बार दस्तक दे रही थी, 'चन्दा जिस तरह से प्रत्येक चीज के लिए मेरे ऊपर निर्भर रहती है, यदि मुझे कुछ हो गया तो वह कैसे चल पाएगी!'

चन्दा स्वयं को सहज दिखाने की कोशिश कर रही थी लेकिन मैं उसकी मनोदशा को समझ रहा था। फिर भी वह काफी शान्त और संयत थी। विजेन्द्र ने शायद इन स्थितियों को ठीक से पकड़ लिया था। मेरे पास आकर विजेन्द्र ने कहा, "अंकल जी! आप मन में कोई बोझ लेकर ऑपरेशन थिएटर में मत जाना, हम सबको आपकी जरूरत है, आंटी की ओर से आप निश्चिन्त रहें। अस्पताल का जो भी खर्च आएगा, उसे मैं वहन करूँगा।"

मैंने उसका हाथ पकड़कर कहा था, "यदि जरूरत पड़ी तो देहरादून के केदारपुरम में मेरा एक फ्लैट है, उसे बेच देना।"

"अंकल जी! यह सब छोड़ो..." विजेन्द्र ने मुझे आश्वस्त करने की कोशिश की।

लगभग शाम के 4:30 बजे अस्पताल के कर्मचारी मुझे ऑपरेशन थिएटर ले जाने के लिए आ गए थे। जाने से पहले मैंने देखा सभी रिश्तेदारों के पीछे चन्दा एकदम शान्त खड़ी है। मैंने पास आने का

इशारा किया। जैसे ही वह पास आई मेरी आँखें भर आई थीं।

अस्पताल कर्मी छठे फ्लोर पर ऑपरेशन थिएटर में ले गए थे। जब वे मेरे ऑपरेशन की तैयारी कर रहे थे तो डॉ. सिमरन नन्दी, जो मेरा ऑपरेशन करनेवाले थे, ने मेरे पास आकर कहा, "हमारी पूरी कोशिश रहेगी, फिर भी आपकी हिम्मत और पॉजिटिव थिंकिंग (सकारात्मक सोच) हमारे काम को सफल बनाएगी इसलिए हिम्मत रखना।"

"डॉक्टर! आप निश्चिन्त रहिए, मैं इतनी जल्दी मरनेवाला नहीं हूँ। आप अपना काम शुरू कीजिए...मैं ऑपरेशन के लिए तैयार हूँ।" मैंने हँसते हुए कहा।

डॉ. सिमरन नन्दी ने मुस्कुराकर मेरी ओर देखा, "वेरी नाइस, यही सोच तो चाहिए।"

"ओमप्रकाश जी! थोड़ा-सा उस तरफ करवट लेंगे।" एक अस्पताल कर्मचारी ने कहा। वह ऑपरेशन की तैयारी में लगा था। मैंने शरीर को दूसरी ओर झुकाया। उसने कहा, "ओमप्रकाश जी! एक छोटी-सी सुई लगा रहा हूँ, दर्द होगा तो बताइएगा।"

उसके बाद मुझे कुछ याद नहीं। जब होश आया तो खुद को आई.सी.यू. के रिकवरी रूम में पाया। मेरे इर्द-गिर्द तीन-चार अस्पतालकर्मी हरे रंग के कपड़ों में व्यस्त थे। एक कर्मचारी ने पूछा, "ओमप्रकाश जी! कैसा लग रहा है?"

"अभी तो मैं हिल भी नहीं पा रहा हूँ...यदि आप लोग मेरी पत्नी को यहाँ बुला दें, तो अच्छा रहेगा..." मैंने लड़खड़ाती आवाज में कहा। मुझे अपनी ही आवाज परायी-सी लग रही थी। एक-एक शब्द घुट-घुटकर बाहर आ रहा था। शरीर की अशक्तता ने आवाज को भी तोड़ दिया था।

"अभी एनाउंस कराते हैं।" कर्मचारी ने मुझे आश्वस्त किया।

थोड़ी देर बाद सिर से पाँव तक हरे कपड़ों में ढका जो शख्स मेरे सामने खड़ा था, वह चन्दा नहीं विजेन्द्र था। जिसे मैंने उसकी आवाज से पहचाना था।

"अंकल जी! ठीक हो... ?"

"तुम्हारी आंटी कहाँ है?" मैंने उससे पूछा।

"ऑपरेशन में देर लग रही थी और रात में ऑपरेशन के बाद कई घंटे तक किसी को भी न मिलने देने की डॉक्टर की हिदायत थी इसलिए आंटी को मनीष नोएडा ले गए थे। यहाँ वे काफी परेशान लग रही थीं। सुबह होते ही आ जाएँगी, आप कैसे हैं?" विजेन्द्र ने दूर खड़े-खड़े कहा।

"मैं ठीक हूँ...आप यहाँ अकेले हैं? बाकी सब लोग कहाँ हैं... ?" मैंने जानना चाहा।

"देहरादून से जो लोग आए थे वे सब आंटी के साथ नोएडा चले गए थे लेकिन काफी लोग बाहर अभी भी आपके ऑपरेशन थिएटर से बाहर आने की प्रतीक्षा कर रहे हैं। अब एनाउंस हुआ है तो उन्हें तसल्ली हो गई है और अब वे सब वापस जा रहे हैं क्योंकि इस वक्त किसी को भी आपसे मिलने की इजाजत नहीं है।" विजेन्द्र ने जल्दी-जल्दी कहा, क्योंकि अस्पताल कर्मी उन्हें ज्यादा बात करने से मना कर रहे थे।

कुछ देर बाद डॉ. सिमरन नन्दी आए थे, मेरा हालचाल जानने, "कैसे हो?"

"अभी तो सिर्फ मस्तिष्क और स्मृति जागे हैं, शरीर का तो अभी पता ही नहीं है।" मैंने टुकड़े-टुकड़े शब्दों में कहा।

"थोड़ी देर में शरीर में भी हरकत आ जाएगी, अभी इंजेक्शन का असर है...हमने बीमारी को जड़ से मिटा दिया है...अब आपको हौसला रखना है।" कहते हुए उनके चेहरे पर हलकी-सी मुस्कान आ गई थी, जिसमें मैंने अपनी मुस्कान भी मिलाकर उनका साथ दिया था।

मुझे समय का अन्दाज नहीं था। पलंग पर एकदम सीधे लेटा हुआ सिर्फ अस्पताल के रिकवरी रूम की छत को देख रहा था, जहाँ किस्म-किस्म के यंत्र लटके थे, जिन्हें अपने आपसे जानने की कोशिश कर रहा था लेकिन मुझे बार-बार यह अहसास घेर रहा था, जैसे मैं ठीक से सोच नहीं पा रहा हूँ। अस्पताल के ये सभी यंत्र मेरे लिए

अजनबी थे। मेरी चेतना पर कई लोग मित्र-रिश्तेदार एक साथ दस्तक दे रहे थे। मैं बिना हिले-डुले अस्पताल के बिस्तर पर लेटा था। मैं उन चेहरों को याद करने की कोशिश कर रहा था, जो देर रात तक अस्पताल में मेरी इस त्रासदी का हिस्सा बने रहे। शायद इन सभी के कारण मैं रिश्तों की गरिमा और गहराई को समझ सका...वे सब मेरे कौन थे...शायद उस वक्त बता पाना मेरे लिए कठिन था।

अगले रोज लगभग 10 बजे सुबह मुझे रिकवरी रूम से मेरे उस कमरे में शिफ्ट कर दिया गया था, जो मुझे अलॉट किया गया था। वहाँ उस समय चन्दा, विजेन्द्र, मनीष, चन्दा की बड़ी बहन स्वर्णलता मेरी प्रतीक्षा कर रहे थे। चन्दा को देखकर ही लग रहा था, जैसे वह रात भर सोई नहीं थी।

मनीष ने बताया कि जे.एन.यू. के छात्रों ने मेरे लिए रक्तदान किया था। अस्पताल ने छह यूनिट का अन्दाजा लगाया था लेकिन जे.एन.यू. के छात्रों ने आठ यूनिट रक्त दिया था। और चन्दा ने अस्पताल में आनेवाले लोगों के बारे में जानकारी देते हुए कहा था कि इनमें ज्यादातर जे.एन.यू., डी.यू. के छात्र-छात्राएँ, प्रोफेसर, सामाजिक कार्यकर्ता, मित्र, मेरे पाठक आदि थे। हरियाणा, पंजाब तथा दिल्ली से आए दलित कार्यकर्ता अधिक थे। उनकी मौजूदगी से चन्दा को भी ताकत मिली थी।

जैसे-जैसे लोगों को खबर मिल रही थी कि मेरा ऑपरेशन हो चुका है। आने-जानेवालों का ताँता लगा था जबकि डॉक्टर की हिदायत थी कि मेरे पास बाहर से लोग कम से कम आएँ, संक्रमण का खतरा था। कुछ लोगों को बिना मिले ही लौटना पड़ा था।

रमणिका गुप्ता, श्योराज सिंह 'बेचैन', अनीता भारती, अजय मिश्रा, रजनी तिलक, सुशीला टाकभौरे (नागपुर); देहरादून से गीता गैरोला, मेरे बचपन के मित्र सुक्खन सिंह, रामसिंह, उनके बेटे दिनेश, रजनीश और उनकी पत्नी; रोहतक से अजमेर सिंह 'काजल', मदन कश्यप, हेमलता महीश्वर, पूनम, गुलाब, सूरज बड़त्या, दिलीप, मुकेश और

कौशल पवार आदि ने मेरा जो हौसला बढ़ाया, वह मेरे लिए एक उपलब्धि के समान है। मुकेश ने अस्पताल में मेरी जो सेवा की है, उसे कभी भुलाया नहीं जा सकता है। हैदराबाद से आए डॉ. धर्मपाल अपना काम-धन्धा छोड़कर कई दिन मेरी सेवा में लगे रहे।

अस्पताल में मुझे काफी दिन रहना पड़ा था। इस बीच डॉ. पल्लव ने हिन्दू कॉलेज के अनेक छात्रों को मेरी सेवा के लिए लगातार भेजा था। दिन भर चन्दा अस्पताल में मेरे पास रहती थी और रात में छात्रों ने कभी भी चन्दा को अस्पताल में रुकने नहीं दिया था, ''मैडम! आप जाकर आराम कीजिए, रात में हम 'सर' की देखभाल करेंगे।''

मिहिर पांड्या, असीम अग्रवाल, अंकित, भँवरलाल मीणा, नौशाद अली, सत्या आदि ने जिस सेवाभाव का परिचय दिया, वह मेरे लिए एक विश्वास का सबब बन गया था। रात भर जाग-जागकर इन छात्रों ने जिस तरह मेरी सेवा की, मेरे गन्दे कपड़े बदले, मुझे शौचालय में ले जाकर साफ कराया, इन सबने मेरे भीतर एक अजीब-सा अहसास भर दिया था। एक ऐसा अहसास जिसने मेरी सोच और विश्वास को और ज्यादा मजबूत किया था।

मैंने चन्दा से कहा था, ''देखो, तुम परेशान रहती थी कि हमारा कोई अपना बच्चा नहीं है, ये बच्चे जो इस वक्त जात-पाँत भूलकर, जिस तरह मेरी सेवा कर रहे हैं, क्या हमारे अपने बच्चे इनसे ज्यादा कर सकते थे? शायद नहीं...ये कौन हैं हमारे? क्या रिश्ता है इनसे? फिर भी रात-रात भर जागकर मेरी देखभाल कर रहे हैं, बिना किसी स्वार्थ के। क्या ये मेरे अपने नहीं हैं? इन बच्चों ने यह साबित कर दिया है कि समाज बदल रहा है, जिसे पहचानना जरूरी है।''

मेरी तमाम शिकायतें धराशायी हो गई थीं। डॉ. पल्लव तथा डॉ. देवेन्द्र चौबे मेरी इस त्रासदी में हर पल मेरे साथ थे। नमिता गोखले, अशोक वाजपेयी, रेखा अवस्थी, मुरलीमनोहर प्रसाद सिंह, विश्वनाथ प्रसाद तिवारी, रवीन्द्र कालिया, आलोक जैन (ज्ञानपीठ) तथा अशोक महेश्वरी (राजकमल) मेरे साथ खड़े थे और इस बीमारी से लड़ने के

लिए मेरा हौसला बढ़ा रहे थे। इन सबका मेरे साथ खड़ा होना मेरी सोच और मान्यताओं को बदल रहा था।

मुकेश और कौशल पवार ने रात-दिन हर तरह से मेरा साथ दिया और मेरी ताकत बने। डॉ. गुलाब, हेमलता महीश्वर का अपनापन और सहयोग मेरे जीवन की उपलब्धि है। कैलाश चन्द चौहान के बारे में जो भी कहूँगा, वह कम ही होगा। इस त्रासद घड़ी ने एक पारिवारिक, बेहद आत्मीय मित्र दिया जिसे मैं जीवन भर अपना बनाकर रखने की कोशिश करता रहूँगा। असंग घोष ने मेरे लिए जो कुछ भी किया उसे शब्दों में नहीं बाँधा जा सकता है। मुझे जीने का एक मकसद दे दिया है। मेरे पुराने मित्र शिवबाबू मिश्र लगातार मेरा हौसला बढ़ाते रहे। कैलाश वानखेड़े आदि मित्रों का सहयोग मिलता रहा है।

ब्लॉग व फेसबुक आदि के जरिए अनीता भारती, रजनी तिलक तथा अशोक पांडेय ने जिस तरह मुझे पाठकों से जोड़े रखा, वह मेरे लिए गहरे विश्वास का कारण बन रहा था। आज सोचता हूँ इस त्रासद घड़ी ने जहाँ मुझसे बहुत-कुछ छीना है, वहीं मुझे बहुत-कुछ ऐसा भी दे दिया है, जिसने मेरे भीतर जीने की एक गहरी ललक पैदा कर दी है। एक बहुत बड़े परिवार से मुझे जोड़ दिया है, जहाँ न जाति की दीवारें हैं, न धर्म की।

●●●